KLAUS H. DAAMS

MOTORRADREISEN

IMPRESSUM

HEEL Verlag GmbH
Gut Pottscheidt
53639 Königswinter
Telefon 0 22 23 / 92 30-0
Telefax 0 22 23 / 92 30 26
Mail: info@heel-verlag.de
Internet: www.heel-verlag.de

© 2015: HEEL Verlag GmbH, Königswinter

Verantwortlich für den Inhalt:
Klaus H. Daams

Lektorat:
Jost Neßhöver

Fotos und Texte:
Klaus H. Daams

Lithographie, Satz und Gestaltung:
Volker Pecher

Printed in Slovakia

ISBN: 978-3-95843-042-6

KLAUS H. DAAMS

MOTORRADREISEN

ZWISCHEN NORDKAP UND BOSPORUS **21** TOP-TOUREN IN EUROPA

HEEL

INHALT

Picos d'Europa

DANKSAGUNG

Statt vieler Worte vorweg an dieser Stelle einfach mal ein dickes Dankeschön an alle, mit denen ich in den letzten Jahren unterwegs war und ohne deren Hilfe — „Kannst du bitte noch einmal fürs Foto fahren?" — diese 21 Reisereportagen nie hätten entstehen können:

Alexander, Daniel, Domenico, Fabio, Frank, Gabi, Harald, Jana, Johannes, Klaus, Marcus, Markus, Mokka, Pebo, Rolf, Stephan, Susanna, Sven und Thorsten.

Danke auch an BMW, Ducati, Harley-Davidson, Honda, Kawasaki, KTM, Moto Guzzi, Touratech, Triumph, Wunderlich und Yamaha für die Bereitstellung ihrer Motorräder.

Viel Spaß beim Schmökern — und dann raus aus der heimischen „Höhle", on the road again ...

Klaus H. Daams

NIEDERLÄNDISCHE BINNENDEICHE

DEICHE HOLLANDAISE

Kurvenreiche Motorradsträßchen im pfannkuchenplatten Holland,

gar noch in luftiger Höhe? Aber sicher! Auf den Deichen von Rhein, Waal und Lek

zwischen Emmerich und Rotterdam. Echt lecker.

Deich bei Lent

Kooiwijkse
Mühle bei
Oud-Alblas

Rolf und ich treffen uns wie zuletzt vor 20 Jahren früh morgens um neun Uhr bei Klingel-Willy, damals in Kleve eine der ersten Freien Tanken, wo der Sprit zwar günstig, die Oktanzahl aber ein Lotteriespiel war. Nun, seitdem ist viel Wasser den Rhein runtergeflossen, und der Kollege aus gemeinsamen Guzzi-Le-Mans-Zeiten fährt inzwischen GSX-R 1000. Bevor wir uns festquatschen, fix die Schlüssel getauscht, sodass der frischgebackene Ducatista fortan Gelegenheit hat, mit der Multistrada 1100 S mal wieder italienischer Zweizylinderware auf den Zahn zu fühlen. Was ungefähr an der dritten roten Ampel zu einem frotzeligen „Mit dem Getriebe kannste Bilder aufhängen, so hakelig ist das" führt.

Wo wir eigentlich hinwollen? An die Nordsee, immer begleitet von Väterchen Rhein und seinen Fluten, die sich bei Rotterdam mit dem Meer vermählen. Und die, damit es nie endgültig heißt „Ohne Holland fahren wir zur WM", von Deichen gesäumt sind; auf denen lässt es sich wunderbar durch und über die Lande kurven, wie Niederrheiner gleich nach Erwerb des Führerscheins zu entdecken pflegten.

Kleve, Schwanenburg, Rindern, die Düffel, Kühe schwarzbunt, sechster Gang — Deutschland verschwindet im Rückspiegel. In Millingen aan de Rijn geht's mit Holland los. Das alte Grenzhäuschen liegt im Dornröschenschlaf, Urlaubsstimmung ab dem ersten Meter. Heineken statt Diebels, in den Vorgärten schmückende Anker und nicht mehr Loren wie im Ruhrpott. Ein Tipp: In der Cafeteria De Smulpaap gibt es Ras-Fritten, eine Spezialität, die aus Kartoffelteig gewonnen wird und aussieht wie Spaghettieis. Stundenlang könnte man sich über all die auffälligen Kleinigkeiten unterhalten. Oder einfach rechts abbiegen zur Fußgängerfähre nach Lobith, hochfahren auf den Deich.

Schwupp, schon stoßen wir vor in eine ganz eigene Welt. Das blasse Blau des Himmels geht, getrennt bloß durch einen schmalen grünen Strich, in das des Wassers über. Grenzenlose Weite. Auf dem Strom, nur so als Beispiel, ein Paddler mit Sonnenhütchen und ein Schiff voller Container von Yang Ming, einer Reederei aus Taiwan. Auf der anderen Seite der sich durchs Gras der Deichböschungen aalenden Straße eine bescheidene Kirche neben einer Handvoll Häuser. Das soll der am dichtesten besiedelte Flächenstaat Europas sein? Es kann Liebe auf den ersten Blick sein.

Der letzte ist es jedenfalls auf unseren guten alten Rhein. Der gabelt sich nämlich gleich hinter Millingen in den schmalen Pannerdens Kanaal und die Waal, die ungefähr zwei Drittel der Wassermenge — nebst den meisten Schiffen — zur Nordsee transportiert und der wir nun als doppeltes Flottchen gerne folgen werden.

Drei Dinge sind dabei zu beachten. Erstens Fietsers, die einheimischen Radfahrer; sie lieben geselliges Nebeneinanderfahren über alles, stehen quasi unter Naturschutz und dürfen im Interesse friedlicher Koexistenz niemals zur Seite gehupt werden. Zweitens Drempels, kleine gemeine Sprungschanzen auf der Straße; sie sollen verkehrsberuhigend wirken und schon manche Bandscheibe geknackt haben. Drittens führen zwar alle Deiche nach Rotterdam, nur wird dabei der motorisierte Verkehr manchmal um- oder abgeleitet; in dem Fall folge man dem inneren Kompass wieder zurück zum Fluss. Gelegenheit dazu gibt es in Kekerdom. Am Ortseingang des 600-Seelen-Nestes hart Steuerbord und holterdipolter über rotes Ziegelsteinpflaster zum Duffeltdijk und der Dorfkirche. Die steht ausnahmsweise vor dem Deich und wird bei Hochwasser auch schon mal zur Arche Noah.

Wohl mindestens einen Fluzeugträger brauchte man für die 200.000 sibirischen Wildgänse, die zum Überwintern an den Niederrhein kommen und sich hier für die Rückreise einen Fettvorrat anfuttern. Ganzjährig die Augen von Naturliebhabern zum Leuchten bringen Bieber, Stelzenläufer und Lachmöwenkolonien rund um den Baggersee Kaliwaal, an dem eine Schautafel über Flora und Fauna informiert. Natürlich nur, wenn man das Kraftrad, auf dem kurvigen Geläuf ganz in seinem Element, mal zum Stehen bringt. Die Versuchung, darauf dankend zu verzichten, ist nicht eben klein.

Etwa einen halben Kilometer nach dem See rechts ab in den Erlecomsedam, eine B-Straße für maximal zwei Meter breite Fahrzeuge. Geradezu verschwenderisch der Raum, den der Fluss hier in seinem Überschwemmungsgebiet hat. Er dankt es nicht nur mit fruchtbaren Weiden, sondern auch mit lehmigem Rohstoff für Ziegelsteine, die in den vielen „Backsteenfabrieken" der Region gebrannt werden.

Wäre das Niederländische damals nicht dem Großen Latinum geopfert worden, reichte es heute für mehr als bloß die Übersetzung des zur Vorsicht mahnenden Verkehrsschildes „Vaart minderen, spaart kinderen".

Seit der Grenze bei Millingen erst zwölf Kilometer auf der Uhr und schon Kuchenpause? Unbedingt. Im bezaubernden Huiskamercafé Oortjeshekken an der Bisonbaai. Die Versuchung, dort bei Appelgebak und weiteren Leckereien den Tag beim Verstreichen zu beobachten, vorsorglich schon für die Nacht nach einer „Kamer met uitzicht op de rivier" zu fragen, ist ziemlich groß. Zur Abkühlung vielleicht noch ein Hüpfer auf die andere Seite des Deiches, wo ein „Zwemplaats" zum Schwimmen einlädt.

Ganz tief ins niederländische Nightlife eintauchen lässt es sich in Nijmegen, älteste Stadt des Landes, die ihren Ursprung in der römischen Siedlung Noviomagus hat und heute dank Uni sowie der kolonialen Vergangenheit eine beneidenswert bunte Disco- und Kneipenszene besitzt. Aber auch tagsüber schwärmt und shoppt oder flohmarktet es sich inmitten kosmopolitischer Vielfalt prima, zum Beispiel am Marktplatz zwischen der alten Stadtwaage und der St. Stevenskerk. Etwas weniger trubelig das Treiben an der Waalkade, eine Promenade direkt am Wasser mit großem Motorradparkplatz. Doch wir sollten jetzt weiter, womit die Überlegung, das am Ufer vertäute Pannenkoekenboot zu entern, vorsorglich im Keim erstickt wird.

Über die Waalbrücke Richtung Arnhem, dann gleich die erste Abfahrt wieder runter und in Lent rechts auf den Oosterhoutsedijk. Gut, dass nicht Samstag oder Sonntag ist, denn dann dürfen zwischen 10 und 18 Uhr nur Fietsers, nicht aber Autos und Motorräder die folgende Strecke benutzen.

Ach, könnte man sich doch ein Stückchen von der Wolkenhimmelwasserwäldchenkurvendeichlandschaft abschneiden und mit nach Hause nehmen. Und hätten Rembrandt und Co. schon Ducs und Suzis gekannt — sicher wären die Maschinen auf manchem Ölschinken als bereichernde rote und silberfarbene Tüpfelchen verewigt worden. So bleibt nur das flüchtige, gleichwohl intensive Vergnügen des permanenten Schräglagen- und Perspektivenwechsels.

Paradigmenwechsel in Dodewaard. Wie eine würfelförmige Laune der Natur liegt direkt am Deich ein Atomkraftwerk; die Anlage ist 1997 vom Netz genommen worden und muss noch vierzig Jahre „abklingen", bevor man die radioaktiven Teile entfernen und alles zur grünen Wiese zurückbauen kann.

Zügiger wird auf die Zeichen der Zeit in der Scheepswerf Dodeward reagiert. Dort rückt man gerade, quasi auf dem OP-Tisch der Werft, dem Frachter „Deo Juvante" zu Leibe, zwar nicht unbedingt mit Gottes Hilfe, dafür aber mit Schneidbrenner und Schweißapparat. Hat man hier früher manchem Kahn aufwendig fünf Meter rausgeschnitten, um vorschriftkonform mit einem Mann Besatzung weniger — und damit billiger — fahren zu können, so werden Schiffe heute gerne verlängert, um 500 Tonnen mehr laden — und entsprechende Fördergelder erhalten — zu können.

Wer seine Schäfchen schon im Trockenen hat: Klappstühlchen, 'ne krant (Zeitung) und ein kopje koffie aus der Thermoskanne — fertig ist das Rentnerglück am Ufer der Waal. Fast mit Saugpassung am Logenplätzchen vorbei schieben sich Schiffe mit quirlendem Schraubenstrahl. Und das Glitzern der Wellen im Gegenlicht: ein Gedicht. Hunger. Wie bestellt kommt das Eethuisje De Veerstoep in Ochten, ein Pommespalast mit allem, was Fast-Food-Gourmets sich wünschen. Beispielsweise Fritten Spezial, das heißt mit Ketchup, Majo und rohen Zwiebeln. Smakelig eten, guten Appetit.

Eine weitere Spezialität sind Bromfietsen und Knallertjes, lautmalerisch treffend beschriebene Mofas und Mopeds. Ein Prachtexemplar fährt der 15-jährige Denis aus Ochten. Satte zehn PS hat die frisierte 70er-Puch, die ab Tempo 20 wheeliefähig ist, was der Pilot idealerweise durch extreme Gewichtsverlagerung jenseits der Hinterradachse unterstützt; nur seine über den Asphalt schleifenden Schuhe verhindern den Salto.

Prins-Willem-Alexander-Brücke, Prins-Bernhard-Schleuse und die Marmeladenstadt Tiel sorgen für ein deichstraßenfreies Intermezzo, bevor es bei Ophemert wieder hoch in die Belle Etage geht. Wir flanieren jetzt durchs Obstanbaugebiet Betuwe, im Frühling ein Blütenmeer, im Spätsommer ein Paradies für Erdbeeren- und Kirschenfreunde. Und wer das Aroma

von Flusswasser mag, zudem lieber Fähre fährt als Brücken zu nutzen, kann sich zwischen Brakel und Herwijnen auf schaukeligen Planken übersetzen lassen. Besonders abends ist das ein Fest für Romantiker, wenn die Waal aussieht, als hätte jemand fässerweise Gold ins Wasser gekippt.

Um 21:15 Uhr leuchten endlich die ersten Gläser Hertog-Jan-Bier auf der Terrasse vom Hotel 't Veerhuis in Wamel. Beim Blick auf die Speisekarte dann die Wahl zwischen Waterbewoners und Landlopers. Von Fröschen statt vom Philips-Fernseher in den Schlaf gequakt, träumt man eventuell vom letzten Hochwasser 1995, bevor morgens die Mähdrescher wecken und die Vorfreude auf Hagelslag (Schokoladenstreusel) zum Frühstück treibt.

Geschwind wie der Wind treiben wir unsere „Mühlen" weiter gen Westen, wo eine ganze Armada der typischen Vierflügler geduldig auf Besucher wartet. Also nicht an der ersten Windmühle die Speicherkarte schon vollknipsen. Aber trotzdem immer mal anhalten, beispielsweise an puppenstubigen Häuschen, die sich wie wasserscheue Katzen hinter die Deiche ducken, sodass nur noch der dichte „Fellrücken" hervorlugt, das reetgedeckte Dach.

Damit solche Idyllen auch künftig sicher sind, werden die Deiche gelegentlich erhöht, ihre Kronen verstärkt. Nicht zu vergessen die stromabwärts lauernde Gefahr: Sturmfluten können die halbe Nordsee ins Landesinnere drücken. Um Tragödien wie die von 1953 mit 1835 Toten oder gar die von 1287, bei der 50.000 Menschen starben, zu verhindern, hat man die zerfranste Küste mit einem System gewaltiger Stahlschieber abgeschottet, die bei Bedarf geschlossen werden können.

Für Katastrophen-Szenarien ist an einem wonnigen Maitag aber kaum Platz unterm Helm. Viel lieber denkt man an die Irische See, wenn in Kerkeneind beim zackigen Schwenk ums Kirchlein Erinnerungen an Kirk Michael und die Isle of Man wach werden; zumal, wenn eine 125er-Aprilia Chesterfield entgegenkommt und am Drempel-Sprunghügel abhebt wie auf der Ballaugh Bridge.

Ab Gorinchem wirft Rotterdam seinen dicht besiedelten Schatten voraus. Also Flucht ins Gelände, querlandein Richtung Alblasserdam durch die beschauliche Welt der Seerosen und der

Lek bei Ameide

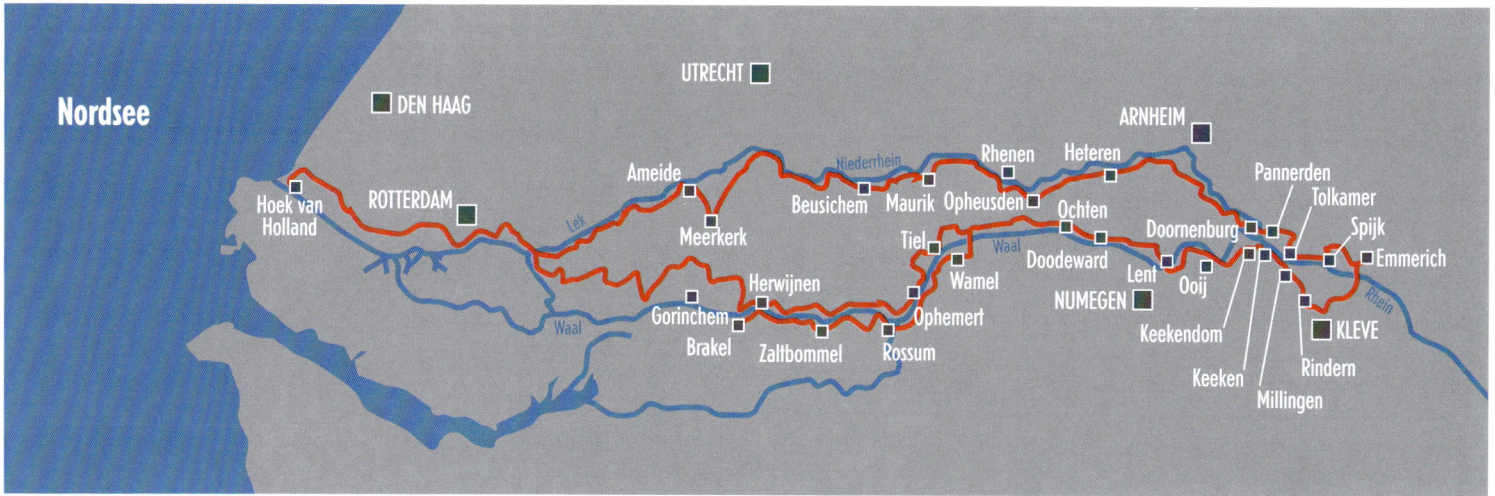

Entengrütze, der Kähne und Kanäle. Es ist Polderland, einst trockengelegt durch Windmühlen, die nicht Korn gemahlen, sondern mittels ihrer durch frühen „Ökostrom" angetriebenen Schaufelräder das Wasser aus Sümpfen und Seen abgepumpt haben. 19 dieser technischen Wunderwerke — bis zur Erfindung der Dampfmaschine größte Energieproduzenten der Welt — stehen in Kinderdijk, dem sprichwörtlichen Mühlen-Manhatten der Niederlande.

Zwei Stunden später rollen wir durchs Hafenareal von Hoek van Holland, wo die Englandfähre nach Harwich in See sticht, unterm Kiel noch etliche Tropfen Rheinwassers. Denn hier mündet der Fluss, der vor 1320 Kilometern in den Alpen entsprungen und auf seiner letzten Etappe noch in Nieuwe Waterweg umgetauft worden ist. Womit diese Reise enden könnte — gäbe es nicht auch jenen Teil des Rheins, der sich bei Millingen als Pannerdens Kanaal Richtung Norden verabschiedet und schließlich — nach einer Metamorphose erst in den Neder Rijn, dann den Lek — bei Kinderdijk wieder mit der Waal vereinigt hat; und an dem es jetzt retour geht, wiederum oben auf dem Deich.

Auch dort kommt das nautische Element nicht zu kurz, ganz im Gegenteil. Bei Ameide (ver)führt vom Deich eine asphaltierte Rampe

hinab an eine sandige Badebucht. Wer kann da widerstehen? Ebenfalls am Strand spielen will die Multistrada, ihren Namensgebern zufolge ja geeignet für viele Straßen. Auch für Wasserstraßen? Erst geht alles gut, dann plötzlich gar nichts mehr. Bis zur Achse buddelt sich die Belladonna ein, dann kommt noch ein Schiff vorbei und macht hohe Wellen — ganz schön gemein. Pirelli Scorpions sind eben keine Conti TKC 80.

Drei Meter sind es jetzt bis zum, wenigstens oberflächlich, trockenen Ufer. Keine Chance, das Motorrad herauszuziehen, der Schlick hält es fest wie eine Krake. Multistrada in Seenot. Schwacher Trost: Die Duc steht wie einbetoniert und kann nicht umkippen. Den rettenden Tipp hat eine Dame, die ihren Golden Retriever Plantschi führt: Ganz in der Nähe gebe es eine Trekkerwerkstat und die könne doch helfen. Was sie dankenswerterweise auch tut, mit Schlepper, Gurten und anschließend sogar einem Dampfstrahler. Da klage noch mal jemand über das deutsch-niederländische Verhältnis.

Verglichen mit diesem Erlebnis, das Percy Stewart wohl zu einem „Wenn ich das in meinem Club erzähle ..." animiert hätte, verläuft der Rest der Tour recht beschaulich. Bei Beusichem schieben sich Schiffe vorbei an Kühen durch Wiesen. In Maurik erstaunt eine futuristische

Schleuse, an einem Campingplatz sind „Bootjes te huur", Bötchen zu mieten. Bei Rhenen erinnern bewaldete Hügel daran, dass Holland Holzland bedeutet. Zwischen Opheusden und Heteren kannst du röstig (niederrheinisch für locker) die Reifen rund fahren. In Arnhem lässt sich im Nederlands Watermuseum und im Kröller-Müller-Museum (Sammlung van Gogh) der Bildungshunger stillen; oder auch ein neues Fass aufmachen, der vom Pannerdens Kanaal abzweigenden Ijssel nach Norden bis ans und ums Ijsselmeer folgen.

Wir begnügen uns mit einer dreifachen Portion von Rolfs Lieblingsdeich bei Doornenburg, schön übersichtlich mit klasse Kurven und feinem Belag. Von hier ist es nicht mehr weit nach Lent (wer erinnert sich?) bei Nijmegen. Für einen Euro setzt eine Gierfähre nach Pannerden über, angetrieben früher nur von der Strömung, heute unterstützt von einem Hilfsmotor.

Und in Tolkamer schließlich kann man sich an der Rheinpromenade bei Sate-Spießchen von Marielle noch mal richtig sattsehen an mächtigen Vierer-Schubschiffverbänden genauso wie an schwimmenden Hotels aus der Schweiz. Dann via Spyck, vorbei an der Ziegelei Daams, zur Grünen Grenze bei Emmerich — und wir sind so gut wie wieder zu Hause. ■

INFOS

Reisedauer: 2–3 Tage
Streckenlänge: 500 Kilometer

Streckencharakter: leicht, überraschend kurvig

Besonderheiten: Kaum Durchgangsverkehr oben auf den Deichen, stattdessen ist eher mit „Fietsern" (Radlern) zu rechnen, die selbstbewusst unterwegs sind — und entsprechend rücksichtsvoll zu behandeln. Bei Um- oder Ableitungen weg vom Fluss hilft der innere Kompass zurück zum Deich.

Übernachten: Quartiere direkt an der Strecke sind rar, ggf. ist eine Suche vorab im Netz sinnvoll. Hifreich auch die örtlichen Fremdenverkehrsämter (VVV).

Anreise: A3 bis Emmerich, weiter via Kleve und Rindern zum Grenzübergang Bimmen/Millingen.

Adressen: www.holland.com

Crummock Water

HOW LOVELY

Er ist wirklich entzückend, für viele Engländer sogar der schönste Bezirk im ganzen Land: der von zwölf größeren und vielen kleineren Seen geprägte Lake District. Dass es dort zudem Berge gibt, für englische Verhältnisse sogar ziemlich hohe, macht die Gegend auch für Motorradfahrer zum Gedicht.

Wordsworth oder Campbell — ist das hier die Frage? Nachdem sich der romantische Dichter William Wordsworth, gleichsam literarischer Urgroßvater Rosamunde Pilchers und von schwärmerischen Seelen noch heute tief verehrt, im frühen 19. Jahrhundert durch die liebreizenden Landschaften des Lake Districts hatte inspirieren lassen, wurde die geographische Beschaffenheit der Region in der Folgezeit gänzlich anders genutzt: Auf dem Coniston Water schraubte Donald Campbell am 14. Mai 1959 mit seinem Bluebird K7 den Weltrekord für Motorboote auf 418,99 km/h.

Da der Speedfreak auch zu Lande gerne Gas gab, daheim aber kein passendes Terrain fand, reiste er 1964 zum ausgetrockneten Salzsee von Eyre in Südaustralien und stellte einen Rekord für Automobile auf: 648,58 km/h. Wenn das keine Indizien dafür sind, dass der Lake District ausgesprochen hübsch sein muss, die dortigen Straßen aber eher für entschleunigte Fortbewegung taugen dürften.

Von Rotterdam nach Hull über die Nordsee, einmal quer durch England — und schon sind wir in Windermere gelandet, dem am gleichnamigen See gelegenen, quirligen Zentrum des Lake Districts. Ein „Hello" bei den Wirtsleuten des bereits von zu Hause aus reservierten Bed & Breakfast, das für die nächsten Tage unser Headquarter sein wird, und Start frei zu einer ersten kleinen Runde.

Nur 40 mal 50 Kilometer groß ist der bei Briten überaus beliebte Lake District, sodass sich dort die Urlauber schon mal knubbeln. Kann das denn überhaupt Spaß machen? Und ob! Beispielsweise, wenn man am südlichen Zipfel des Windermere, mit knapp 18 Kilometern längster See Englands, die breite A 590 verlässt und nach Rusland fährt. Kleine Welt ganz groß. Abenteuerspielplatz für fette Bikes, die hier in einem hügeligen Auf und Ab mutti- respektive autiseelenallein herumtollen können.

Die Sträßchen dicht gesäumt von Farn sowie bemoosten Natursteinmauern und so schmal, dass es eine Wonne ist. Außer beim Wenden. Neugierig beäugt von einheimischem Rindvieh navigieren wir über Oxen Park zum Coniston Water. Dort, wo Donald Campbell 1967 bei seinem letzten Rekordversuch tödlich verunglückte, herrscht geradezu pastorale Ruhe. Durch dichtes

Blätterdach blinzelt die Abendsonne, am Horizont winken einladend die imposanten Cumbrian Mountains. Wir vertrösten sie auf morgen.

Offenbar hat selbst jahrtausendlanges Bewässern und Berieseln aus der großen Himmelsgießkanne nichts genutzt: Bei 978 Metern hat er sein Wachstum eingestellt, der Scafell Pike, Englands höchster Berg. Natürlich kann man die Zahlen frisieren und in Fuß rechnen, dann sind es stolze 3209. Aber nur keine falschen Vorstellungen: Zusammen mit seinen Kollegen — die meisten zwar rund geschliffen von der Eiszeit und später kahl gerodet, doch stellenweise auch felsig schroff wie die zerfurchten Wangen von Louis Trenker — macht der Scafell Pike den Lake District zum anspruchsvollen Revier für Wanderer und Kletterer. Am frühen Vormittag ist Rushhour, strömt die Karawane rucksackbewehrt in die Natur. Und verteilt sich dort. Voll sind dann nur noch die Parkplätze, bunte Jacken und Sonnenhütchen verlieren sich als Farbkleckse irgendwo oben in den Hängen.

Apropos Berge: Einem Hochplateau gleicht der Drehmomentverlauf unserer CB 1300. Immer wieder ein Genuss, auf der Woge von Newtonmetern zu surfen. Besonders nach einem opulenten Full English Breakfast. Satte 25 Prozent Steigung hat die B 5343, die uns in einem Schlenker von Ambleside nach Langdale führt, mitten hinein in die Cumbrian Mountains. Wie durch einen Topf, in dem die Reste von Spinat kleben — Botaniker könnten das sicher präziser beschreiben —, schlängelt sich das Sträßchen bergan.

Während zwei Mountainbiker ihren Puls wacker Richtung 200 treiben, lassen sich neben der Fahrbahn grasende „Langbeinschafe" — vielleicht wurde die DNS ihrer Eltern ja von Greyhounds aufgefrischt — durch nichts aus der Ruhe bringen. Garantie gibt es dafür wie beim Russischen Roulette allerdings keine. Plötzlich dann MGs. Dutzendfach ballern die schnuckeligen Sportwagen im Rahmen einer Oldtimer-Rallye durchs Langdale und lassen die Honda staunend verstummen.

„Extreme Caution, Narrow route, Max 30 %", warnt ein Schild vor dem Wrynose und Hard Knott Pass. Später heißt es noch ergänzend, die Straße sei geeignet bloß für „light vehicles". Wie gut, dass der ehemalige „Alpenkönig" trotz seiner 270 Kilo da wohl als Leichtgewicht durchgeht. Auch

wenn die Pässe nur knapp 400 Meter erreichen: Sie entpuppen sich als oft so eng und steil, sind gespickt mit scharfen Hairpins, dass kaum jemand fehlende Höhenmeter bemängeln wird.

Schon gar nicht der Fahrer jenes Vauxhall, der nach einem Navigationsfehler — oder hat sich der Steuermann vom grandiosen Bergpanorama ablenken lassen? — nun mit dem Wagen halb über der Böschung schwebt, während hilfsbereite Wanderer auf dem Türschweller rumturnen wie auf der Bordwand eines Segelbootes und versuchen, durch Gewichtsverlagerung den Absturz zu verhindern.

Nur 40 mal 50 Kilometer? 2000 Möglichkeiten zum Hin-und-weg-Sein! Ob am Bahnhof von Dalegarth die liliputeske Schmalspurbahn oder bei Ulpha die an Schottland und Norwegen erinnernden kargen Fjälls, ob die Kolonie von Gartenzwergen auf dem Grund des 80 Meter tiefen Wast Water oder der Blick auf die glitzernde Irische See: Langweilig wird's im Lake District nie — höchstens der Tag zu kurz.

Weniger lustig: Manch fotogene Farm dürfte ohne EU-Fördermittel nicht überlebensfähig sein; und das an der Küste bei Seascale gelegene, wegen schwerer atomarer Zwischenfälle berüchtigte Nuklearzentrum Sellafield, früher Windscale genannt und zwecks Imagepolitur einfach umgetauft, ist mehr als nur ein Schönheitsfleck.

In Calder Bridge geht es rechts ab nach Ennerdale Bridge, und was dann folgt, ist definitiv unterhaltsamer als eine Partie Bridge. Wie ein rot-weißer Korallenfisch flutscht die CB durchs grüne Universum — Wordsworth hätte wohl poetischere Worte gefunden — und treibt

in einem langen Baumtunnel bei Loweswater sogar, ganz unfreiwillig, einen Roten Milan vor sich her, bis der im dichten Netz aus Zweigen endlich eine Lücke für die Flucht nach oben findet. Über Crummock Water, Buttermere, Honister Pass und Thirlmere eilen wir zurück nach Windermere in unser „Nest" und wünschen nur, den Rest der Strecke auch mal im Hellen zu erleben.

Ob sie als Ersatz für entgangenen oder als Vorgeschmack auf kommenden Landschaftsgenuss dienen? Die Tischsets beim Frühstück sind wie Postkarten bedruckt mit den beliebtesten Motiven des Lake Districts. Wer länger bleibt, lernt sie alle kennen. Heute sind zum Beispiel Ullswater und der Stone Circle bei Keswick an der Reihe.

Zum Warmfahren geht's hoch auf den Kirkstone Pass, wo ein kräftiger Wind zwar die Wolken vor sich her pustet, die kunstvoll geschichteten Natursteinmauern am Straßenrand jedoch in Ruhe lässt. „Winter conditions can be hazardous", kitzelt ein Schild oben am Pass die Phantasie. Wie Hasardeure der Landstraße knallen etwas später eine Super Duke und R6 am Ufer des Ullswaters entlang, sodass die Passagiere auf den historischen Ausflugsdampfern mal was anderes als monotone Schiffsdiesel zu hören bekommen.

Während es am nördlichen Ende des Sees in Pooley Bridge so rappelvoll ist wie samstagmittags bei Haus Scheppen am Essener Baldeneysee, enführt uns die Stichstraße nach Martindale und Sandwich zu einem verlassenen Fleckchen Erde, das von Google Street View

Honister Pass

Motorradtreff Devil's Bridge

wohl auch in hundert Jahren noch nicht gescannt sein wird. Und für dessen schmale Wege der Rolls-Royce der Queen, sollte er sich je hierher verirren, nicht unbedingt ideal ist. Weshalb die Engländer ja auch den Mini gebaut haben.

„We don't have it so often", sagt lachend der Barkeeper von The Queens Head in Askham, als wir das sonnige Wetter loben, das den Imbiss auf den Holzbänken vor dem Pub besonders gut schmecken lässt. Gestärkt geht's weiter zum Haweswater. So umstritten der Stausee auch ist, für den 1935 zwei Dörfer geflutet wurden: Heute zeigt er sich von seiner attraktivsten Seite. Wie ein leicht gebogener Pool liegt der See im Tal von Mardale, je nach Wasserstand lugen daraus mehr oder weniger sichtbar zwei Inselchen heraus, als bade Naomi Campbell. Okay, auch dafür hätte Wordsworth ein anderes Bild gewählt.

Wie erstarrte Monstermurmeltiere stehen im güldenen Abendlicht auf einem Hochplateau bei Keswick die 38 Steine des Castlerigg Stone Circles. Der Megalithring ist zwar nicht so prominent wie Stonehenge — doch dafür auch nicht eingezäunt wie ein Zoo und noch immer ein Hort für Romantiker.

Nach so viel Gefühl und Natur, nach einem Tag, der fast hätte glauben lassen, die Welt bestehe nur aus Grün und Braun, ist es der perfekte Kontrast: das Restaurant The Lighthouse in Windermere. Die silbrig glänzenden Tische sind getaucht in ein Lichtermeer aus Orange und Neonblau, sodass wir dort gerne für ein Stündchen andocken, während hoch überm See bereits der Mann im Mond flaniert.

Sonntagmorgen. Was gehört dazu wie Majo zu Pommes? Richtig, ein Abstecher zum Motorradtreff, in diesem Fall also zur Devil's Bridge bei Kirkby Lonsdale. Selbst wenn viele „Teufel" inzwischen brav und grau geworden sind: Die anmutige Steinbrücke übers Flüsschen Lune ist genau die richtige Adresse, um mal englisches Benzin zu quatschen.

The Lighthouse in Windermere

Windermere

Castlerigg
Stone Circle

Derwent Water

Corney Fell

(im Uhrzeigersinn)

Geschichten en masse erzählt auch das Lakeland Motor Museum zwischen Newby Bridge und Haverthwaite. Neben automobilen Preziosen sowie einer Ausstellung über Campbells Bluebird berichten unter anderem Bonanzarad, Barry Sheenes Dunstall Suzuki und Joe Dunlops 125er Honda von glorreichen Zeiten. Das tun übrigens ebenso, nur ein paar Kohlenwürfe vom Museum entfernt, die Dampfloks der Lakeside & Haverthwaite Steam Railway. Und jetzt on the road again.

1500 Umdrehungen, fünfter (und letzter) Gang, Volldampf voraus. Als wolle sie Streikbrecherin bei der Deutschen Bahn werden, schiebt die 1300er über den Stoneside Hill nach Corney. Aber keiner klatscht Beifall. Hirsche, vor denen auf sechs Meilen gewarnt wird, sind wohl noch beim Mittagsschlaf, viele der einst neben dieser Straße durch die Einsamkeit sorgsam aufgeschichteten Mäuerchen längst umgefallen.

Ähnliches droht den Gästen, die im ehemaligen Fischerdorf Ravenglass etwas vorzeitig in der Halbliterklasse an den Start gegangen sind und die Leber mit Pints of Bitter fluten. Von einem Bad im Meer wird wegen der radioaktiven Verseuchung des Wassers durch Sellafield allerdings auch abgeraten.

Kein Bier vor vier. Zumal, da unser Quartier in Windermere ist. So bleibt Zeit für ein zweites Rendezvous mit Loweswater, Buttermere und Honister Pass. Ein Déjà-vu der besonderen Art erleben wir am Derwent Water: Das Motiv „Zaun, halb versunken im malerischen See" hatte bereits das Tischset beim Frühstück geziert. Und da es auch dieses Mal nicht für einen Besuch des Wordsworth-Museums in Grasmere reicht, zum Abschluss wenigstens noch ein paar Zeilen — einfühlsam übersetzt von Dietrich H. Fischer — jenes Dichters, der den Lake District so populär gemacht hat:

„Die Sonne längst schon unterging, die Sterne, schau, zu zweit, zu dritt, ein Fitis noch zu Abend singt, und Drosseln, Kuckuck halten mit. Wer will schon städtisch promenieren und für Empfänge sich maskieren in solcher lauen Juninacht, wo sanftes Licht ein Halbmond macht: Ach, lass uns einfach sein Genießer so einer Sommernacht wie dieser!" ∎

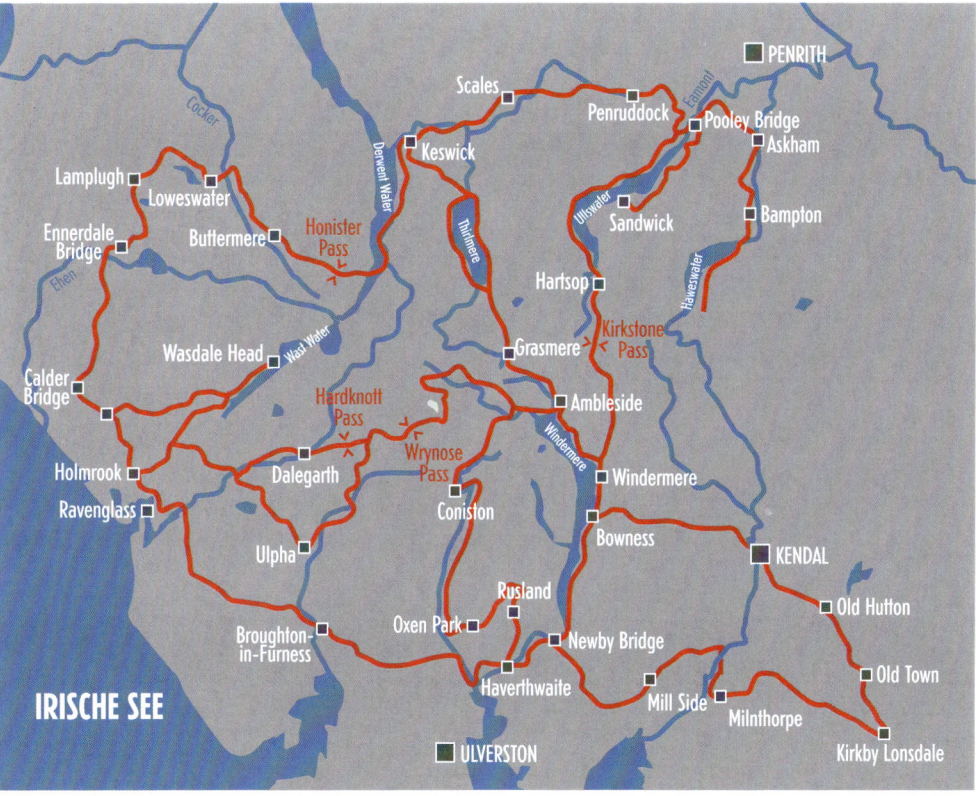

INFOS

Reisedauer: 4 Tage
Streckenlänge: 700 Kilometer

Streckencharakter: Kurvige Uferstraßen, aber auch steile und enge Bergpassagen; Linksverkehr.

Besonderheiten: Ein Mix aus Seen und Bergen — für viele Engländer das Schönste auf ihrer Insel. Nightlife in Zentren wie Ambleside und Windermere, ansonsten Natur live. Sehenswert das Lakeland Motor Museum sowie die Ravenglass & Eskdale Schmalspurbahn bei Dalegarth.

Übernachten: Klassischerweise in einer der zahlreichen B&B-Pensionen.

Anreise: Nachtfähre Rotterdam — Hull, anschließend 250 Kilometer von der Ost- zur Westküste. Alternativ über Calais, Dover und London.

Adressen: www.lakedistrict.gov.uk, www.visitbritain.com

IRLAND

GRÜNLAND

Die einen schwärmen vom Grün, andere vom Guinness — aber das

ist garantiert nicht alles, was Irland zu bieten hat.

Dunguaire Castle

Küste bei
Cushendall

Sally Gap ist eine Kreuzung inmitten hügeliger Wildnis, wo man früher vielleicht eine Stadt gebaut hätte. Als erstes Saloon, Puff und eine Station zum Wechseln der Pferde. Natürlich nur, wenn man es zuvor in Irland nicht mehr ausgehalten und die Biege über den großen Teich nach Amerika gemacht hätte. Für uns heute ist Sally Gap der erste Stopp in den Wicklow Mountains, 26 Kilometer südlich von Dublin. Ein Meer aus Grün und Braun, Torf und Moor. Weit und breit kein Baum, nur ein Pfahl mit fünf Schildern, die in den blauen Himmel stechen wie — wären wir im Wilden Westen — die abgespreizten Finger eines Revolverhelden nach seinem ultimativ letzten Duell.

Aufsitzen und weiter in gemäßigtem Galopp. Übermütig lassen die 122 Pferdchen an mancher Kuppe den Vorderhuf der ZRX leicht werden und die Zügel zappeln. Für den Schlosspark und Tierfriedhof von Powerscourt Gardens oder die Ruinen der Klosterstadt Glendalough bleibt da nur ein flüchtiger Blick aus den Augenwinkeln. Auch ohne Scheuklappen zu bestaunen: wild wachsende Fuchsien, dichte Eichenwälder, in die für die Fahrbahn grüne Tunnel geschnitzt sind, und in jedem zweiten Vorgarten eine vier Meter hohe Yucca-Palme. Eine Kerze für den Golfstrom. Bombardiert wird die Netzhaut außerdem mit bonbonbunten Häusern, was in crazy Germany schon längst die Baubehörde auf den Plan gerufen hätte. Indiz für den Wirtschaftsboom, der Irland in den 90er Jahren zum europäischen Tigerstaat werden ließ, sind dagegen „Herden" von geklonten Siedlungshäuschen, quasi versteinerte Dollys.

Der Pilz Phytophthora infestans war es, der in den Jahren zwischen 1845 und 1848 die gesamte irische Kartoffelernte vernichtete. Eine Million Menschen verhungerten, zwei Millionen wanderten nach Amerika oder Australien aus. An die Katastrophe — die letzte auf natürlicher Ursache beruhende in Europa — erinnert im Hafen von New Ross der Nachbau des Windjammers Dunbrody, mit dem Emigranten in eine bessere Zukunft segelten. Und aus der ihre Ur- und Ururenkel, verstreut inzwischen über die ganze Welt, gerne zu Besuch in die alte irische Heimat kommen. Wo man übrigens als Nationalsport ebenfalls dem Rugby (Gaelic Football) frönt, im Gegensatz zu verzärtelten Amis jedoch ohne Schutzpanzer.

Den wohl berühmtesten Sportler der Insel lernen wir in Dungarvan kennen. Es ist Master McGrath, ein Sprinter der Extraklasse, der von 37 Rennen nur ein einziges verloren und dreimal den Waterloo-Pokal gewonnen hat. Das Denkmal für den leider bereits 1873 verschiedenen Windhund steht an der R 672 nach Clonmel. Ein Moment der amüsierten Andacht, dann das Windschild gen Norden gerichtet und freier Lauf fürs Big Bike, auf zum nächsten Promi.

Am Rock of Cashel, einer mächtigen Kirchenruine auf schroffem Fels, soll einst der Missionar St. Patrick mittels eines Kleeblatts die heilige Dreieinigkeit erklärt und damit das irische Nationalemblem aus der Taufe gehoben haben. Nach Jahrhunderten der Blüte als Sitz von Bischöfen und Königen wurde Cashel 1750 verlassen und dem Verfall preisgegeben, weil Kirchenfürst Price mit seiner neuen Dienstkutsche den Berg nicht mehr hinauf kam. Fahrer übergewichtiger Enduros kennen das Problem. Und wer kennt ihn nicht, den Lockruf der Küste. Also wieder Kurs Süd und durch einen dichten Rhododendronwald in den Knockmealdown Mountains nach Lismore. What a wonderful castle. Alles Show, Lismore Castle ist ein Phantasieschloss aus dem 19. Jahrhundert und nicht zu besichtigen.

Entlang des ausgetrockneten River Blackwater — es ist Ebbe, ich Depp — navigieren wir den mächtigen Viermaster, pardon: Vierzylinder ins Hafenstädtchen Youghal, das 1954 berühmten Besuch bekam: Gregory Peck und Moby Dick. Nicht nur im Film eine tragische Rolle spielte 30 Kilometer weiter Cobh, unweit von und nicht zu verwechseln mit Cork. Die Titanic lief dort zu ihrer letzten Reise aus. Und als im Ersten Weltkrieg ein deutsches U-Boot die Lusitania versenkte, wurden die Überlebenden nach Cobh gebracht. Heute platzt der farbenfrohe Ort vor Lebenslust. Relax and enjoy! Denken sich wohl auch die Kids. Als seien sie bereits vom ersten Kuss schwanger geworden, so jung sind hinter vielen Kinderwagen die Mütter. Von der Wiege zur Bahre. In Timoleague entdecken wir auf einem alten Friedhof das Schild: No overnight parking. Schwarzer Humor.

Ab jetzt geht die Party eigentlich erst richtig los. Kongeniale Tanzpartnerin dabei die Kawa, die sich längst akklimatisiert hat und uns mit sattem Schub übers Parkett schiebt, immer hübsch auf der linken Straßenseite. Außer beim Überholen. Oder wenn twisty roads so eng sind, dass es eh nur eine Seite gibt. Wie mit felsigen Fingern greift die zerklüftete Küste im Südwesten Irlands nach dem Meer (und fischt Touristen). Unser erster „Finger" ist die Halbinsel Beara, zu umrunden auf einer etwa 140 Kilometer langen, für Busse und Wohnmobile ungeeigneten Ringstraße. In zwei Stunden oder Tagen. Es duftet nach Kamille, Brombeeren ergänzen den Vitaminhaushalt. Thady's Bar serviert abgebrühten Teetrinkern sogar den ersten Hybrid-Kaffee, und am Ende von Beara schaukelt eine Seilbahn kühne Passagiere übers weiß geifernde Meer nach Dursey Island. Wäre die Welt ein Spiel, Irland hätte eine Serie: schön, schön, schön. Wie ein durchgeknallter Daddelautomat spuckt der Südwesten ein Highlight nach dem anderen aus, ist gar nicht mehr zu bremsen.

Im bunt in die Botanik geklecksten Dörfchen Eyeries malt mir spätabends Don, der Chef eines rosa gestrichenen Krämerladens, den Weg zum B&B-Vermieter Donal auf, der zwar kein Zimmer mehr hat, aber ein Telefon, durch das ihm Mary und James Crowley, die Vermieter vom Sea-Front-

B&B an der Kirche von Kilcatherine, mitteilen, sie hätten noch ein Zimmer für zwei Motorradfahrer frei, sodass wir, der neuen Wegbeschreibung und dem zitternd die Nacht durchschneidenden Scheinwerfer blind vertrauend, nach Kilcatherine holpern, dort am Sea-Front-B&B die Kawa neben fußballgroßen Hortensien sowie Männertreu in seiner schönsten Form, beide Pflanzen allerdings erst im Licht des nächsten Tages so richtig zur Geltung kommend, parken und zehn Minuten später mit den Crowleys im Auto wieder zurückfahren nach Eyeries, um in der gelb gestrichenen O'Neill's Bar, direkt neben dem rosa Krämerladen, mit dem Pub-Hopping zu beginnen und anzustoßen auf einen rundum gelungenen Tag.

Für Biker auf Beara das höchste der Gefühle ist mit 330 Metern der Healy Pass. Und bei irischen Butterfahrten extrem beliebt: der Ring of Kerry. Am besten links rum und gegen Abend. Die meisten Autos, und das können erstaunlich viele sein auf dieser Halbinsel, wählen die andere Richtung — wegen der angeblich besseren

Aussicht. So oder so, gierig wie ein Kettenraucher inhaliert der Bolide den glattgewalzten Teer der N70. Letzter „Finger" ist die Dingle-Halbinsel, im äußersten Westen bei Slea Head mit rauem Charme becircend und ebenfalls mit einer Bergstrecke winkend, dem Connor Pass.

Schnitt. Die Cliffs of Moher. Absperrungen sind an der Steilküste rar, und so ist jeder seines Schneides Schmied. Manche stählen dabei gleich noch die Muskeln, wenn sie an die Felskante robben. Unten tiefblau das Meer, am Horizont schneebedeckte Gipfel. Die Anden? Na ja, das ist dann doch etwas weit hergeholt und in Wahrheit nur eine Wolkenbank.

Doch Irland kann nicht nur Natur. Vorbei an der schaurig schönen Silhouette von Dunguaire Castle halten wir auf Galway zu, Boomtown mit trendigem Nightlife. Zur Einstimmung prima geeignet ist der Camping Park Salthill am westlichen Stadtrand. Der Platzwart in seinem Wohnwagen sieht aus wie Budd aus Kill Bill 2, drei coole Girls mit mächtigen Hurling-Schlägern (eine Art Hockey

und irischer Nationalsport) outen sich als Fans von Campino.

Connemara. Ein dünn besiedelter Landstrich voller Seen und sumpfiger Wiesen. Ein knallblauer Himmel würde da bloß stören, und das Irish Green der ZRX hinterlässt wie Leuchtspurmunition einen nur flüchtigen Eindruck. Wie Bojen in diesem Feuchtbiotop die Schilder — viele auf Gälisch, der alten irischen Nationalsprache, die in sogenannten Gaeltacht-Gebieten weit verbreitet ist und uns oft vor Denksportaufgaben stellt. Torf hingegen, hier oben noch von Hand gestochen, identifizieren wir recht schnell. Selbst wenn die Barren aus „braunem Gold" am Straßenrand aussehen, als hätten die Panzerknacker nach einem Einbruch in Fort Knox ihre Beute verloren.

An Heinrich Böll denkt man vermutlich auch mal. Sein „Irisches Tagebuch" entstand auf Achill Island, größte Insel Irlands und nicht nur zum Schreiben animierend. Das gilt besonders für die Südwestküste mit dem atemberaubenden Atlantic Drive. Wie monströse Zungen lecken

die nimmersatten Wellen gierig am Gestade, wirbeln bei Flut die Steine strudelnd durcheinander — ein surrealer Sound, der auf der Insel schon manchen Heiratsantrag begleitet haben soll.

Statt zum Traualtar führen wir die athletische Japanerin von Achill Island aus nach Sligo. Nördlich der Stadt fanden in Drumcliff die sterblichen Überreste des Dichters William Butler Yeats ihre letzte Ruhestätte, südlich davon auf dem Megalithic Cemetery von Carrowmore schon vor mehreren tausend Jahren Menschen einen Platz für die Ewigkeit.

Motorradtauglich ist zweifellos der Glengesh Pass. Wie zwei mächtige Schenkel nehmen Bergrücken die schmale Straße in die Zange, vor starkem Gefälle warnt ein Schild. Dieses dient zugleich aber auch als Zielscheibe. Schlagartig macht das Einschussloch klar, dass hier doch noch etwas war. Richtig. Nordirland und die IRA. Kann natürlich auch von übermütigen Jugendlichen oder Jägern stammen, das wie ein kleiner Krater aufgerissene Loch im Blech.

Eigentlich gibt es sie gar nicht, die Grenze zwischen der Irischen Republik und dem von London verwalteten Nordirland, auch Ulster genannt. Kein Schlagbaum, kein Strich auf der Straße, nur der Mist in den Köpfen. Sorry, aber so ist es. Der Wechsel von der einen in die andere Welt bei Londonderry — dies die amtliche (britisch-protestantische) Bezeichnung der Stadt, die in der Irischen Republik und bei den Katholiken nur Derry heißt — ist auf den ersten Blick höchstens an den plötzlich in Pfund statt in Euro ausgezeichneten Benzinpreise sowie an den anderen Autokennzeichen erkennbar.

An der A2 in Greysteel werfen wir Anker und im Roadside Chippy ein paar Fritten ein. Dessie Mc Kinney, Chef des Imbisses, erzählt: „Die Grenze geht manchmal direkt durch den Garten der Leute. Die können von einem Land ins andere laufen — boaring. Aber eines Tages hat das ein Ende. Das war bei euch ja auch so." Na bitte, das will man doch hören. Und gerne glauben.

Friedhof von Kilcatherine

New Lodge Road in Belfast

Dorfladen in Eyeries

Cliffs of Moher

v. l.

Beedys Bar in
Dungloe

Dunluce Castle

Joey-Dunlop-
Statue in
Ballymoney

Fish & Chips

Guinness

Giant's
Causeway

(im Uhrzeigersinn)

Jetzt also durch Nordirland. Fünf Orte stehen auf dem Zettel: Dunluce Castle, Ballymoney, Bushmills, Giant's Causeway und Belfast. Start frei. Dunluce Castle hat schon viel erlebt. Anno 1639 stürzte bei einem Sturm die komplette Küche von der Steilküste hinab ins Meer, wenig später zog die Burgherrin ob des für adelige Ohren unerträglichen Brandungsrauschens in ruhigere Gefilde und überließ die Burg dem Verfall. Genau die richtige Location für ein irischstämmiges Pärchen aus Idaho, das auf Hochzeitsreise ist und hier gerade stilvolle Fotos schießen lässt. Bis es heißt: „Now I get out of this monkey-suit" — und der Bräutigam den Kilt gegen eine ordentliche Hose tauscht.

Als hätte er die Lederkombi noch an, wolle gleich den Helm vom Tank nehmen und wieder Vollgas geben, so sitzt Joey Dunlop auf seiner Honda VTR 1000 SP1. Die lebensgroße Bronzestatue steht in Ballymoney, Geburtsort des bescheidenen „King of the mountain", der sich mit 26 Siegen bei der TT auf der Isle of Man in die Herzen der Fans gefahren hat und im Jahre 2000 bei einem Rennen in Tallinn tödlich verunglückt ist.

Old Bushmills Destillerie. Ob das schlimm ist, wenn wir uns die Whiskeybrennerei, immerhin weltweit eine der ältesten, schenken? Die Sonne lacht. Also gleich weiter an die Küste zum Giant's Causeway. Dort ist die Gefahr, ins Wasser zu stürzen, vielleicht nicht ganz so groß wie an den Cliffs of Moher, stattdessen kann man sich aber in die Erdgeschichte vertiefen. Wie eine aberwitzige Kreuzung aus Fußbällen und Orgelpfeifen stehen dicht an dicht 40.000 Basaltsteinsäulen: von oben betrachtet fünf- oder sechseckig wie die Segmente eines klassischen Lederballs, von der Seite gesehen stehen sie da wie Orgelpfeifen. Geologen erklären, es sei Lava, auskristallisiert nach einer Eruption vor 60 Millionen Jahren. In einem von den Steinen gebildeten Bassin ein wahrer Mikrokosmos: Krebse, Krabben und ein Wels, dessen Nachkommen in ein paar Millionen Jahren, so die Evolution denn will, vielleicht erste Laufversuche machen. You never walk alone.

Und jetzt nur noch 1200er fahren. Auf gewundenen Sträßchen zwischen Antrim Mountains und der Steilküste, wo Schottland ganz nah ist und Irland quasi über sich hinaus wächst. Es weht und mäht, treckert und dämmert, grünt und schönt.

Feierabend in Cushendall, einem kuscheligen Dorf mit diversen B&Bs und Campingplatz.

Belfast. Knapp 300.000 Einwohner und eine vom nordirischen Bürgerkrieg, den sogenannten Troubles, geprägte Geschichte. Wir fahren mitten rein und suchen die Peace Line, eine Mauer zwischen dem katholischen Viertel an der Falls Road und dem protestantischen an der Shankill Road, wo der Konflikt zwischen den beiden Bevölkerungsgruppen in politischen Wandmalereien (Murals) knallbunt Ausdruck findet. Fotostopp schon in der New Lodge Road: Biedere Reihenhäuschen, viele Wohnungen auch in die Höhe gereiht, angemalt vom Bürgersteig bis zum Dach. Pure Farbverschwendung oder plakativer Fundamentalismus? Sicher kein Wischiwaschi.

Ein letztes Mal am Meer dem Regenbogen der Nacht — nüchterne Naturen nennen das schlicht Sterne hinter ziehenden Wolken — tief ins Auge geschaut, und dann vom Campingplatz in Rush rasch nach Dublin, im Vergleich zu Belfast ohne Frage die adrettere der zwei Hauptstädte

INFOS

Reisedauer: mindestens 10 Tage
Streckenlänge: 3000 Kilometer

Streckencharakter: Kurvig und manchmal eng besonders an der zerklüfteten Küste; Linksverkehr.

Besonderheiten: Irland hat neben einer archaisch grünen auch eine modern-urbane Seite. Das dürfte eine Reise eher prägen als Unterschiede zwischen Irischer Republik und Nordirland. Kultfigur Joe Dunlop gewidmet ist ein Denkmal in Ballymoney.

Übernachten: Campingplatz, Hostel, B&B oder Hotel. Plätze zum „wild" Zelten sind rar.

Anreise: Nachtfähre Rotterdam — Hull, anschließend durch England und Wales bis Holyhead und per Fähre nach Dublin. Oder direkt von Frankreich (Roscoff, Cherbourg) nach Irland (Rosslare, Cork, Dublin).

Adressen: www.ireland.com, www.discovernorthernireland.com

auf der irischen Insel. Um 12:15 Uhr geht unsere Fähre, sodass nur Zeit bleibt für den Park an der St. Patrick's Cathedral mit dem Grab von Jonathan Swift, Autor von „Gullivers Reisen". Womit sich der Kreis schließt. Über der Straße zum Hafen begrüßt ein Guinness-Transparent die Ankommenden: Good to be home again. ■

Nordkap-Insel Magerøya

MYTHOS NORDKAP

71° 10′ 21″ — die nüchternen Koordinaten für ein nahezu magnetisch wirkendes Fleckchen Erde, den nördlichsten anfahrbaren Punkt Europas.

Dass es allein von Oslo aus entlang der norwegischen Fjordküste bis zum Nordkap rund 2200 Kilometer sind, viele selbst um Mitternacht von der Sonne beschienen, tut dem Vergnügen keinen Abbruch. Es lässt sich durch ein Zwischenspiel auf den Lofoten sogar noch potenzieren.

Oslo. Kaum hat uns die Fähre aus ihrem Bauch entlassen, da sind Frank und ich mit 1200er-GS und 1000er-KLV auch schon wieder weg. Keine Muße für die lebensfrohe Hauptstadt, nur ein kurzer Stopp für den Kauf einer neuen Sonnenbrille — die es an norwegischen Tankstellen in großer Auswahl gibt, ein gutes Omen — und dann auf der E16 gen Nordkap. Wer da vor den Eisheiligen ankommen möchte, kann unterwegs nicht durch jede Stadt flanieren, jedem Wollgrasstengel einzeln über den hellen Schopf streicheln. Eine Wasserspiegel-Wolkenbilder-Straßenkarte-Betrachtungspause am Sperillenfjord bei Skagnes, ein Serpentinen-lassen-Vorderrad-leicht-werden-Abstecher zur Stabkirche bei Hedalen: das muss vorerst reichen.

Genügend Zeit dagegen für Spaziergänge innerhalb des Helms. Vielleicht begegnet man dabei Slartibartfast, jenem Planetenbaumeister, der sich auf die Herstellung von Fjorden spezialisiert und für das norwegische Küstendesign einen Preis gewonnen hat. Wenn nicht, hilft das Buch „Per Anhalter durch die Galaxis" weiter.

So langsam wird's ernst. Und kälter. Mitten im Juni schneebedeckte Berge voraus: Jotunheimen, sozusagen die norwegischen Alpen. Höchste Gipfel sind mit jeweils „nur" knapp 2500 Metern der Galdhøppigen und der Glittertind. Ein Eldorado für Wanderer, während wir via Vågåmo und E136 direkt den Trollstigveien ansteuern, einen entfernten Verwandten des Stilfser Jochs. Eine wirklich tolle Stiege. Elf Haarnadelkurven und

zwei Wasserfälle — da bleibt keine Linse trocken. Zackig schwingt sich der Trollstigveien durch das Isterdalen auf vergleichsweise bescheidene 850 Meter empor— gefühlt sind es 3850 Meter.

Verblüffend auch immer wieder zu vorgerückter Stunde der Blick auf Uhr und Himmel. Dunkelst du noch, oder hellst du schon? Der Übergang von Abend- zu Morgendämmerung ist fließend, zwischen Mai und Juli ist es in der Nähe des Polarkreises 24 Stunden täglich mindestens so hell wie an einem nieseligen Nordhorner Novembernachmittag. Zappenduster bleibt es dort oben von November bis Januar, wenn die Sonne Winterschlaf hält.

Gegen 23 Uhr füllen wir in Eidsvåg die Vorräte auf: Sprit für die nächsten 350 Kilometer,

zwei halbe Hähnchen für den großen Hunger zwischendurch und vier Liter Kraneburger für den Wassersack. „Ha en hygglig dag!", steht auf dem Kassenbon der Tanke, obwohl „God natt!" zutreffender wäre. Egal, eigentlich könnten wir jetzt durch die gute Nacht fahren bis zum nächsten angenehmen Tag — auch ohne wach haltende Neuropharmaka, denn der Körper ist helle, schaltet während der Zeit der Mitternachtssonne um auf Schlafspar-Modus. Schon lange genug gepennt hat aber Mark III. Also befreien wir das Zelt schließlich doch noch aus dem Packsack, gönnen ihm Luft und Licht und uns 'ne Mütze Schlaf auf einer Wiese irgendwo östlich von Sunndalsøra an der 70.

So duftig dann später die Kaffeewölkchen zum Himmel steigen, so dicht und wie festgeklebt hängen dort jetzt die Wolken, wirklich grausam. Aber nur nicht den Kopf wieder in die Daunen stecken. Das Sunndal, Verlängerung des gleichnamigen Fjordes, ist ein von Steilhängen eingefasstes Trogtal, oben dicht verschlossen nun von Wolken. Denkt man sich diesen „Deckel" als Wasseroberfläche — Fjorde sind im Prinzip nichts anderes als geflutete Täler —, so gewinnt die Fahrt doch ungemein an phantasieanregender Wirkung. Die gelbe GS als yellow submarine. Noch realistischer das Szenario, als unsichtbare Hände alle Stöpsel aus den Wolken ziehen. „Aussitzen" heißt fortan die Devise, womit man bekanntlich ziemlich weit kommen kann.

In Trondheim keine Sonnenbrillen. Aber ein Schild: Narvik 900 Kilometer. 600 davon ein einziges Aquarell, in das die Enduroreifen sprühend ihre flüchtigen Striche malen; bis zu einer heimeligen Holzhütte auf einem Campingplatz bei Storforshei, knapp südlich des Polarkreises.

Geirangerfjord, Trollstigveien, Polarkreis und Nordkap: dieses Quartett steht bei Norwegenurlaubern ganz weit oben auf der Agenda. „Schatz, springst du mit mir?" Lässt der Satz bei drei der obigen Orte eher an ein lebensmüdes als -frohes Pärchen denken, so gehört er am vierten zum Standardrepertoire von Reisegruppen, die heiter über ein Stöckchen hüpfen und damit symbolisch die

Lofotengipfel bei Henningsvær

Piste am Prestfjord

Zelten am Kirkefjord

E69 bei
Ytre Svartvik

Windschild
der GS

Campingküche
auf der Insel Andørja

Polarkreistaufe begehen. Wenn der Bus sich wieder füllt, ist eine 24er-Kiste Sekt meist leer.

Helme auf und weiter. Wieder singen die Zweizylinder ihr monotones Lied. Ja, ein bisschen Schwulst gehört dazu. Und hinterm Horizont geht's weiter. Bis dahin jede Menge Tundra und kahle Berge. Nach 1000 Kilometern ist vor 1000 Kilometern. Dazwischen aber die Hafenstadt Bodø. Von hier geht's schön weit hinaus aufs Meer zur Inselgruppe der Lofoten, wo der Wind hoffentlich die Wolken weg- und gutes Wetter hinpustet. Bis zur nächsten Fähre nach Moskenes ist noch Zeit. Die wird spontan genutzt für ein heißes Süppchen aus unserer Bordküche. Motorradfahrer auf Nordlandtour sind autark.

Und hoffentlich magenstark. Denn zwischen den Inseln Moskenesøy und Værøy treibt der sogenannte Mahlstrom sein tückisch-wirbeliges Unwesen, hat schon manches Schiff geschluckt. Zumindest in der Dichtung und Mythologie. Heute ist's halb so wild, der weite Blick über die Bugwelle der Fähre sorgt nur für Begeisterung. Wie die

Dolomiten sieht aus, was da am Horizont aus dem Meer wächst: die 120 Kilometer lange Lofotenmauer, bestehend aus Bergen der verschiedenen Inseln des Archipels.

Als wir nach knapp vier Stunden an Land gespuckt werden, entpuppt sich Moskenes als Kleinod aus Kirchlein, bunten Holzhäuschen und Kuttern, eingefasst von Felswänden wie von einem Maulschlüssel. Eine kleine Schnupperrunde mit den Großenduros bis ins extrem buchstabenarme Dörfchen Å, wo sich am südlichsten anfahrbaren Ort der Lofoten wie eine Herde Schafe eine Kolonie von Wohnmobilen versammelt hat, und dann ist es auch für uns Zeit fürs Zelt.

Dank des Jedermannsrechts (des Rechts auf freie Zeltplatzwahl) ist in Norwegen die Suche nach einem Schlafplatz eigentlich ganz einfach. Allerdings macht das wählerisch: Für die erste Lofoten-Nacht muss es ein Logenplatz sein mit toller Aussicht aufs Meer und die Mitternachtssonne. Doch je später die Nacht, desto bescheidener die Ansprüche. So sind wir froh, als sich bei Sakrisøy

eine passable Wiese findet, zwar etwas schräg am Hang, aber immerhin mit Fjordblick.

Morgens um 10 Uhr ist die Welt wieder in Ordnung. Unter uns liegt der Kirkefjord, ähnlich schön wie der Königssee bei Berchtesgaden. Statt Bartholomäus-Kapelle und Watzmann aber Fischkutter und Lofotengipfel. Dazu Dampfwölkchen, die duften wie frisch gebrühter Kaffee. Gegenüber riecht es ganz anders. Auf hölzernen Trockengestellen hängen in langen Reihen bizarre Fischköpfe, die durchs Klima mumifizierten Reste von zu Stockfisch verarbeitetem Kabeljau.

Durch den Vestfjord vom norwegischen Festland getrennt, bilden die Lofoten zusammen mit den nördlich anschließenden Vesterålen eine 300 Kilometer lange, durch Brücken oder Tunnel verbundene Inselkette. Höchster Gipfel ist mit 1266 Metern der Møysalen. Da die schroffen Berge direkt aus der See steil aufragen, haben sie trotz relativ geringer Höhe alpinen Charakter. Das Thermometer kann im Sommer auf über 30 Grad Celsius klettern, an den vielen Badesträn-

Fähre Bodø — Moskenes

den erreicht die Wassertemperatur maximal 20 Grad. Garantie für schönes Wetter gibt's natürlich keine.

275 Kilometer sind es auf der „Inselautobahn" E 10 von Å bis zum Tjeldsund, wo eine Brücke zurück zum Festland führt. E nicht nur für Europastraße, sondern auch für: Extraklasse, elysisch, exzellent. Wem das nicht reicht, der biegt einfach mal von der Hauptstraße ab — nicht zuletzt deshalb, weil es abseits der E 10 häufig auf Schotterpisten voran geht, mehr oder weniger extrem.

Einen außergewöhnlichen Ort zum Relaxen finden Frank und ich mit dem Vandrerhjem von Stamsund. Die ockergelbe Jugendherberge besteht aus umgebauten Fischerhütten und ist „surrounded by natural beauty", wie es im Prospekt so treffend heißt. Schnell abgepackt und noch mal los. Ziel ist die Insel Gimsøya, um dort bei Kleivan der Sonne beim Nichtuntergehen zuzuschauen. Ein gut gewählter Platz: Die Wiesen sind übersät mit filigranen Pusteblu-

men, aus dem Wasser lugen Felsbrocken wie Maulwurfshügel, der Horizont ist mit zerklüfteten Bergketten gespickt und der Himmel ein gigantisches blau-weiß-graues Wolkengemälde. Stroboskopartig angeblitzt wird das alles von der Sonne, die mal hier-, mal dorthin ihre hunderttausend Lux wirft.

Ein letztes Sit-in bei Löskaffee und Müsli auf den Planken der Jugendherberge, und schon katapultieren uns die Kolben in den neuen Tag. Zunächst nach Henningsvær, gepriesen als „Venedig des Nordens". Bereits die Anfahrt ist preisverdächtig. Die durch den Fels gesprengte Straße hangelt sich zwischen steilen Bergflanken und türkisfarbenem Meer Richtung Süden. Auf dem Wasser silbrig glitzernde Lichtreflexe, im Granit des mächtigen, knapp 1000 Meter hohen Vågekallen wie hingekleckst bunte Kletterer. Das hübsche Henningsvær unterscheidet sich dann von Venedig doch beträchtlich, es zählt nur ungefähr 400 Einwohner. Immerhin gäbe es im Finnholmen Brygge ein Bier, aber dafür ist es

noch zu früh. Ein Schluck aus der Wasserflasche muss reichen.

Tankpause in Svolvær, Handels- und Verwaltungszentrum der Lofoten. Ein Gemälde im Rathaus erinnert an die Schlacht im Trollfjord 1890. In dem nur 100 Meter breiten und zwei Kilometer langen Fjord wurden damals schon mit modernen Senknetzen bestückte Dampfboote von den noch vom Ruderboot aus arbeitenden Lofotenfischern vertrieben. Der erste Kampf zwischen kapitalkräftigen Unternehmern und armen Fischern um die Ressourcen des Meeres. Die Sache ging bis vors norwegische Parlament, das 1893 die Senknetze verbot.

Die Fähre von Fiskebøl nach Melbu bringt uns auf die Vesterålen. Im Vergleich zur zerklüfteten Lofoten-Skyline wirkt diese Inselgruppe eher sanft und lieblich. Entlang des Eidsfjordes, eines der vielen Anwärter auf den Titel „schönster Meeresarm Norwegens", treiben wir BMW und Kawa Richtung Nyksund, laut Reiseführer ein verlassenes Geisterdorf mit verfallenen Rorbuer-

Offroad
bei Nyksund

Supermarkt in
Sortland

Mitternachtssonne am Nordkap

unten, v. l.

Überholmanöver auf den Lofoten

Hafen von Henningsvær

Harley-Biker am Polarkreis

Fischerhütten. Hört sich spannend an. Der Spaß beginnt wieder mal schon bei der Anfahrt, auf einer Piste zwischen Prestfjord und den Ausläufern des knapp 700 Meter hohen Klotinden. Nyksund selbst erweist sich dann als Ort im Umbruch zur Künstlerkolonie. Häuser werden renoviert, man kümmert sich bereits um Gäste. Wir wählen eine nahe gelegene Bucht als Zeltplatz und lassen dort die neue Non-Stick-Pfanne aus dem Outdoor-Laden zeigen, was sie kann (und es brennt doch an). Und was macht solch romantische Momente einer Nordlandreise komplett? Meeresrauschen, untermalt vom Zischen aus einem Sixpack Borg Pilsner. Skøl!

Beim Auf und Ab der Piste zurück nach Myre freut sich das Spielkind im Biker: Die Hinterradfederung der GS kann während der Fahrt ganz einfach verstellt werden. Nicht schwer fällt die Entscheidung, als wir per Tjeldsundbrücke wieder zurück auf dem Festland sind und, nach einem feinen Schlenker via 829 und 825 entlang des Asta-, Grov- und Gratangenfjordes, schließlich bei Gratangen auf die E 6 stoßen: rechts via Narvik zurück nach Bodo, links zum Nordkap.

Noch 700 Kilometer. Ein Klacks. Und nur nicht hetzen. Lieber der Sonne beim Schlafwandeln übers Wasser zusehen. Nicht bei Capri soll sie für uns heute rot im Meer versinken, aber wie wär's denn bei Andørja? Freier Blick auf den Vågsfjord und die vorgelagerten Inseln. Glück gehabt: Tatsächlich findet sich dort ein campingtaugliches Panoramaplätzchen zwischen Straße und Fjord. Um 23.50 Uhr kochen gaserhitzt die Kartoffeln. Nur schade, dass es für ein Lagerfeuer viel zu hell ist. Andererseits könnten knisternde Scheite auch die Stille stören. Diese wird jetzt lediglich unterbrochen, so für'n Stündchen jeweils, durch das leise Wummern eines Kutters oder Kreuzfahrers, die wie Geisterschiffe übers blanke Wasser gleiten, hell erleuchtet oder geheimnisvoll schwarz.

Danke Mücken, ohne euch wär'n wir nie ins Zelt gekommen. Gerne dagegen gewöhnt man sich ans Summen der Reifen, an den Rausch des Fahrens. Anhalten nur, wenn es unbedingt sein muss. Im Reiseführer angestrichene Stellen: Makulatur. Etwas zur Geschichte: vielleicht, wenn irgendwo eine Infotafel steht wie am Lyngenfjord (Schlachtschiff Tirpitz, Festung

Lyngen). Der Star ist die Landschaft. Noch ein Fjord und noch einer.

In Alta ein letzter Großeinkauf im Supermarkt; für Kulturhungrige das Alta Museum mit den ältesten und wertvollsten Steinzeitfunden Skandinaviens. Noch 229 Kilometer bis zum Nordkap. Die Windschilder zieren inzwischen kunstvolle Mücken-Staub-Muster, die in ihrem Sein und Werden während der Fahrt zu studieren jedoch immer nur kurz möglich ist. Es müssen Wohnmobile überholt, entgegenkommende Motorräder gegrüßt, Zelte der Samen zumindest flüchtig betrachtet und knuffige Rentiere neben wie auf der Fahrbahn beachtet werden.

War früher eine Tour zum Nordkap durchaus abenteuerlich, Stichwort unbeleuchteter Tunnel mit wassergefüllten Schlaglöchern, so hat sich heute vieles geändert. Der Tunnel ist gut ausgebaut, die Fähre zur Nordkapinsel Magerøya ersetzt durch eine knapp sieben Kilometer lange Röhre unter dem Magerøysund. Für einen gewissen Thrill sorgt immerhin der Bordcomputer der GS, als das Display schon unglaublich lange „0" anzeigt, ehe eine Zapfsäule in Honningsvåg Benzin spendend für Erlösung sorgt.

Sie sind echt clever, die Norweger, machen Geld nicht nur aus Öl, sondern auch aus Nebel. 245 Kronen, umgerechnet etwa 29 Euro, kostet am Mauthäuschen der Eintritt zum Nordkap — oft nur schemenhaft sichtbar, wenn wolkige Watte den Felsen am Polarmeer verhüllt. Aber wer will inmitten großartiger Natur schon kleinlich sein? Und dass das wahre Nordkap drei Kilometer weiter nördlich liegt und Kap Knivskjellodden heißt, tut der Stimmung keinen Abbruch. Das Schönwetterkonto ist offenbar noch nicht völlig geplündert, und so übertrifft sich die Sonne wieder mal selbst, strahlt über dem 307 Meter hohen Plateau mit dem eisernen Globus mitternächtlich und fotogen in tausend Kameras. Zwei Stunden später ist der Spuk vorbei, sind die Busse, die das Nordkap gerne just in time machen, wieder weg. Dafür trudeln Axel mit seiner CB 600 und Volker auf seiner LC 4 ein.

Warum Nordkap? Axel: „Wenn man so durch Tirol zockelt, da fehlt doch das richtige Fahren. Ich hatte einfach Lust auf viele schöne Kilometer am Stück. Hab' dafür extra auf Öhlins-Fahrwerk und Superbike-Lenker umgebaut. Eigentlich waren ja nur zehn Tage geplant, jetzt werden es

wohl 16. Außerdem reizt das Nordkap wegen der Landschaft als Ziel." Volker: „Ja, schön öde ist es hier. Das Nordkap ist einfach ein Punkt, an dem man mal gewesen sein muss. Bei dieser relativen Wärme hier oben zu stehen und es geschafft zu haben, das ist ein schöner Moment, beinahe erhaben." Irgendwie finden wir kein Ende — und schließlich heraus, vor ein paar Tagen fast schon übereinander gestolpert zu sein. „Über die orangene Kawa bin ich noch drübergestiegen, die stand auf der Oslo-Fähre doch direkt neben der roten Gold Wing mit der kaputten Verkleidung." Tja, man sieht sich im Leben eben häufig zweimal. Und hoffentlich wenigstens einmal das Nordkap. ■

INFOS

Reisedauer: mindestens 14 Tage
Streckenlänge: 5000 Kilometer (Oslo — Oslo)

Streckencharakter: Fernverbindungen (E6) gut ausgebaut, daneben auch leichte Schotterpassagen. Das Nordkap „geht" im Prinzip mit jedem Motorrad.

Besonderheiten: Die Mitternachtssonne, auf den Lofoten z. B. von Ende Mai bis Mitte Juli, lädt ein zu langen Etappen, im Sattel wie außerhalb davon.

Übernachten: Das „Jedermannsrecht" garantiert freie Zeltplatzwahl — und eine gute Campingausrüstung unvergessliche Stunden in der Natur. Heimelige Holzhütten (Hytter) sind bei Regen eine Alternative, Jugendherbergen (Vandreheimen) relativ günstig, Hotels ziemlich teuer.

Anreise: Per Fähre von Kiel, Kopenhagen oder Frederikshavn nach Oslo; alternativ vom dänischen Hirtshals ins südnorwegische Kristiansand.

Adressen: www.visitnorway.com

Felsküste von Étretat

NORMANDIE

RUHE NACH DEM STURM

1944 leitete die Invasion alliierter Truppen in der Normandie

das Ende des Zweiten Weltkrieges ein. Daran erinnern noch heute

viele Gedenkstätten, eingebettet in eine Landschaft, der pitto-

reske Hafenstädtchen, spektakuläre Felsen, feine Strände sowie

nicht zuletzt Cidre und Calvados eine besondere Note verleihen.

Château de Janville

Ansichtskartenstand an der Pegasus Bridge

Thomas und Susanna in Touffreville

„Oh la la, une Road King", bemerkt ein Passant beim Blick auf das schmucke Stück Schwermetall in two-tone chopper blue and brilliant silver, als Susanna und ich unser Quartier in Le-Tréport für eine erste Erkundungsrunde verlassen. Die Gefahr, nicht weit zu kommen, ist groß. Straßencafés und Bars locken mit frischen Muscheln und kühlem Wein zum Einkehrschwung. Das Auge schwelgt derweil beim Blick auf den alten Fischereihafen und die höchsten Klippen der Alabasterküste. „Klonk" — bevor das Unternehmen Normandie ein vorzeitiges Ende findet, rastet der erste Gang ein, gleitet die Harley wie von einem mächtigen Gummiband gezogen raus aus Le Tréport.

Irgendwo hoch oben auf dem grünen Dach der Steilküste bei Mesnil-en-Caux findet sich ein stilles Aussichtsplätzchen. Engine off. Das Meer leicht gekräuselt, die Sonne lecker warm. Fast möchte man die Normandie, benannt nach dem Wikingerstamm der Normannen (Nordmänner), umtaufen in Nettandie.

„Nebelmandie" heißt es am nächsten Morgen. Nieseliges Grau hat die Klippen und die Kirche Saint-Jaques von Le Tréport verschluckt. Wie ein Geisterschiff verlässt unser Reisedampfer die Hafenstadt mit Kurs Südwest, umrundet wenig später in Touffreville eine üppig bepflanzte Verkehrsinsel wie eine bunte Boje.

Eigentlich kaum der Rede wert, wären wir dort nicht Thomas begegnet: neongrüner Gameboy in der Hand, unter der rotblonden Meckifrisur ein überaus skeptischer Blick auf die fremden Ledermenschen. Dank Susanna schmilzt das Eis, und schließlich dreht Thomas, stolz wie Oskar, ein paar Ehrenrunden auf dem Sozius wie auf einem Kirmeskarussell.

Beobachtet wird das alles von zwei älteren Damen. Eine erzählt mir von ihrem Mann, der ein Jahr im Krieg war, danach vier Jahre in Gefangenschaft. Tja, was soll man dazu jetzt sagen außer einem lakonischen „C'est la vie"?

Stets mit ein paar Kilometern Abstand zur Küste kreuzen wir südlich der D 925 über Land.

Baie d'Ecalgrain

Nickerchen bei
Mesnil-en-Caux

Hafen von Honfleur

Mont St. Michel

Amerikanischer
Soldatenfriedhof bei
Omaha Beach

Frisch geschnittenes Getreide bedeckt wellengleich die Felder, dazu duftet es nach Salbei und Kamille. Gleich hinter Dieppe — im Sommer quasi das nördlichste Arrondissement von Paris und fest in der Hand urlaubsreifer Hauptstädter — verspricht die auf der Karte grün markierte D 75 Pläsier.

Grüne „Schönheitslinie" hin oder her, eigentlich sind fast alle Straßen der Normandie, deren höchste Erhebung mit 417 Metern der Signal d'Ecouves ist, wie maßgeschneidert für den voluminösen Leib der Road King. Oder ist es umgekehrt? Jedenfalls cruist es sich im Sattel des 350-Kilo-Brockens ganz relaxt über die sanft geschwungenen, nur selten wild die Richtung wechselnden Straßen; zumindest fern der Alpen kommt der Wunsch nach fahrdynamischerem Gerät nicht auf.

Um 15:18 Uhr wird der Wunsch nach Sonne endlich erfüllt. Wunderbarerweise genau am Château de Janville, wo die Hortensien im Schlosspark zu leuchtenden Bällen in Rosé und Bleu werden. Deutlich gedeckter sind die Farben in der Kapelle Notre Dame du Salut oberhalb von Fécamp: An den Wänden des dämmerigen Gotteshauses hängt eine ganze Gemäldegalerie mit Windjammern, manche stolz unter voller Takelage, andere havariert oder mit zerfetzten Segeln in sturmgepeitschter See. Mit maximaler Schlagseite durchpflügen wir beim Abflug von Fécamp ein paar Serpentinen und steuern Étretat an.

Tausendmal auf Bildern gesehen und dann nicht selbst geknipst — das darf nicht sein. Der markante Falaise d'Aval nebst vorgelagerter Felsnadel Aiguille an der Küste von Étretat ist zusammen mit dem Mont-Saint-Michel das Wahrzeichen der Normandie, wenn auch schwerer zu finden. Den wohl besten Blick auf die Felsen hat, wer den Schildern zum Musée Nungesser et Coli folgt. Das Museum ist den beiden Fliegern gewidmet, die hier am 8. Mai 1927 letztmalig gesichtet wurden, als sie von Paris nach New York den Atlantik überqueren wollten, zwölf Tage vor Charles Lindbergh.

Nach grandios geformtem Kalk und Feuerstein nun eine ordentliche Portion Technik und Stahlbeton. Vorbei an Le Havre twisten die fetten Pneus durch ein verschlungenes Geflecht von Umgehungs- und Schnellstraßen zur Ponte de

Normandie über die Seine. 100 PS mehr und 200 Kilo weniger an Bord — die futuristisch-gigantische Brücke wäre eine Rampe zu den Sternen; na ja, zumindest zu tiefhängenden Wolken. Auch nicht schlecht: Für Motorräder ist die Passage kostenfrei.

Auf der anderen Seite der Seine liegt die alte Hafenstadt Honfleur, im 16. Jahrhundert ein bedeutender Seefahrerstützpunkt, seit dem 19. Jahrhundert eine prominente Künstlerkolonie und heute ein touristischer Magnet par excellence. Besonders das von schmalen Häusern umstandene Hafenbecken ist ein prima Postkartenmotiv, und beim Besuch der zahlreichen Galerien reift vielleicht sogar der Plan, statt in eine Sonderlackierung mal in die farblich wie formal gelungene Gestaltung eines Stückchens Leinwand zu investieren. Gut möglich aber auch, dass bei gefühlten 53 Grad Lufttemperatur die Lust auf ein Bad im Meer alle anderen Gedanken verdrängt. Ein geeigneter Sandstrand liegt jedenfalls gleich westlich von Honfleur an der D 513.

Vorbei an der imposanten Basilika von Lisieux und dem Château du Breuil mit seiner Calvados-Destillerie weiter zur Côte Fleurie. An der so genannten Blumenküste zwischen den Mündungen von Seine und Orne liegen Badeorte wie Trouville, Deauville (Gruß an Honda) und Cabour. Reiseführer schwärmen vom nostalgischen Schick der Belle Epoque, Reisende schimpfen gelegentlich über Nepp, wenn für Ice Tea und Orangina zusammen 8,20 Euro zu zahlen sind. Die Sehnerven signalisieren einfach „très joli". Blumenkübel, groß wie Smart-Cabrios, trennen die Fahrbahnen, Motorradpolizisten in strammen Stretchhosen erfreuen die aufmerksame Touristin, und der tägliche Fischmarkt von Trouville ist mit seinem Krabbel- und Glibberzeug selbst für Karnivoren höchst interessant.

So schwer der Ortswechsel fällt — zwei Stunden später sitzen wir nicht mehr auf einer Terrasse an der Côte Fleurie, sondern vor dem Café Gondrée an der Pegasus Bridge. Vis-à-vis steht ein ausgemusterter Panzer, an einem Ansichtskartenständer hängen Motive von der Invasion. Wer die wohl kauft?

Das Innere des Cafés ist bis zur Decke vollgestopft mit militärischen Devotionalien und erinnert daran, dass hier kurz nach Mitternacht des 6. Juni 1944 britische Fallschirmjäger und Lastensegler

Strand zwischen Honfleur
und Le Havre

Hortensien in Gatteville

Bar Normand in Domfront

Fangfrischer Fisch in Quiberville

Nationalgestüt Haras du Pin

Cidre in Saint-Valery-en-Caux

v. l.

landeten und die strategisch wichtige Brücke eroberten. Heute ist das Café Gondrée — zu erreichen über die Orne-Brücke an der D 514 nördlich von Caen — ein ideales Fleckchen Erde, um das meist friedliche Treiben an den Nachbartischen zu studieren. Banal? Vielleicht, aber was bedeutet Frieden letztlich anderes als friedlicher Alltag?

Westlich der Orne stoßen wir auf den Küstenstreifen, wo unter dem Tarnnamen Overlord die Landung US-amerikanischer, englischer und kanadischer Truppen im von der Wehrmacht besetzten Nordfrankreich erfolgte. Aufgeteilt auf die Abschnitte Sword Beach, Juno Beach, Gold Beach, Omaha Beach und Utah Beach, ging hier am frühen Morgen des 6. Juni 1944 — dem D-Day — eine gewaltige Armada an Land: 6000 Schiffe und 13.000 Flugzeuge setzten innerhalb weniger Stunden 160.000 Soldaten ab. Weitere zwei Millionen Soldaten und 400.000 Fahrzeuge folgten.

Am 21. August 1944 war für die Deutschen die Schlacht um die Normandie verloren, drei Tage später Paris befreit. Bei den wochenlangen Kämpfen starben schätzungsweise 600.000 Menschen, darunter 50.000 Zivilisten. Zum Gedenken an die Toten reisen alljährlich am 6. Juni Veteranen und deren Nachkommen an die blutgetränkten Strände, die ihre alten Codenamen bis heute tragen.

Insgesamt acht Routen führen zu den Schauplätzen von damals durch die Normandie, an Stoff zum Thema, wozu auch der amerikanische Soldatenfriedhof oberhalb von Omaha Beach zählt, herrscht wahrlich kein Mangel. Manche Leute reagieren nach dem x-ten mahnenden Panzer am Straßenrand schon leicht allergisch und

fordern, es müsse doch mal Schluss sein mit den alten Geschichten.

Wer noch historische Kapazitäten frei hat, besuche den Teppich von Bayeux. Das 70 Meter lange Prachtstück schildert in 58 Szenen die Eroberung Englands durch den uns vermutlich aus dem Englischunterricht bekannten normannischen Herzog William the Conqueror im Jahre 1066. Und wer die vielleicht schönste Motorradstrecke der Normandie sucht, fahre in den äußersten Nordwesten der Cotentin-Halbinsel an die Baie d'Ecalgrain — wundere sich auf dem Weg dorthin aber nicht über die perfekt ausgebaute Strecke zwischen Cherbourg und Joburg: sie führt zur atomaren Wiederaufbereitungsanlage la Hague.

Heile Welt am anderen Zipfel von Cotentin: Barfleur ist ein Landratten wieder mal entzückender Fischerort, in dessen Nähe zudem der höchste Leuchtturm Frankreichs steht und wo der Tidenhub bis zu zehn Metern beträgt. Als sei das nicht genug der berichtenswerten Dinge, hat Richard Löwenherz von hier 1194 zur Krönung nach England übergesetzt.

Es ist spät geworden. Um 21 Uhr an der Bucht von Écalgrain aus ein Anruf in Pontorson, dass es bis zu unserem Eintreffen im vorbestellten Hotel wohl noch etwas dauere — und dann ein gut dreistündiges, unvergessliches Road-King-Movie. Kein Stückchen Chrom, in dem sich nicht wie ein Kussmund die untergehende Sonne spiegelt, kaum ein Kreisverkehr, in dem es nicht erst links zu einer flüchtigen, fast kosenden Berührung von Metall und Asphalt kommt, dann nach rechts umgelegt und wieder hochgeschaltet wird, auf dass der 88er Twin Cam seinen Blues weiter in die Nacht wummere.

Um Mitternacht sind wir am Mont-Saint-Michel. Eigentlich genau die richtige Zeit für eine Audienz beim wie ein Weihnachtsbaum erleuchteten Klosterberg. Der an der Grenze zur Bretagne aus dem Meer ragende Granitfelsen, gekrönt von den Türmchen und Dächern einer Abtei, ist eine der markantesten Silhouetten der Christenheit und, wen wundert's, zumindest tagsüber umbrandet von touristischen Fluten. Neun Kilometer weiter südlich entpuppt sich in Pontorson der Istanbul Kebab als Hort wahrer Menschenliebe, finden dort zu vorgerückter Stunde Döner nebst ein paar Dosen Bier dankbare Abnehmer. Der Wirt vom Hotel Montgomery versorgt uns mit den Zimmerschlüsseln, seine Frau mit Tipps für die Rückfahrt. Wochenlang ließe es sich durchs Landesinnere der Normandie touren. Besonders, wenn man unterwegs mal aus dem Sattel steigt. Gelegenheiten dazu gibt's viele: Sei es, um den Frieden mit der Beifahrerin durch eine Extraportion Luft für die Federbeine zu sichern, sei es, um auf den Weiden lustig gesprenkelte Rinder zu streicheln.

Oder in Domfront, einem mittelalterlichen Festungsstädtchen, Platz vor der Bar Normand zu nehmen, mit Blick auf die neo-byzantinische Kirche und den Hundesalon Quat' Pattes (vier Pfoten). Wer dann alle Sorten Crêpes und Galettes durchprobiert und immer schön mit Cidre nachspült, dürfte an einem solchen Nachmittag nicht mehr weit kommen. Weder zur Fosse Arthour, einer Schlucht der Sonce, wo der sagenhafte König Artus verschwunden sein soll, noch zum Kurort Bagnoles-de-l'Orne. Rund um den Brunnen an der Place de la Republique bitten Bars und Cafés zur Spätvorstellung. Wir nehmen — nachdem mit dem an Thomas Manns „Zauberberg" erinnernden Hotel le Christal

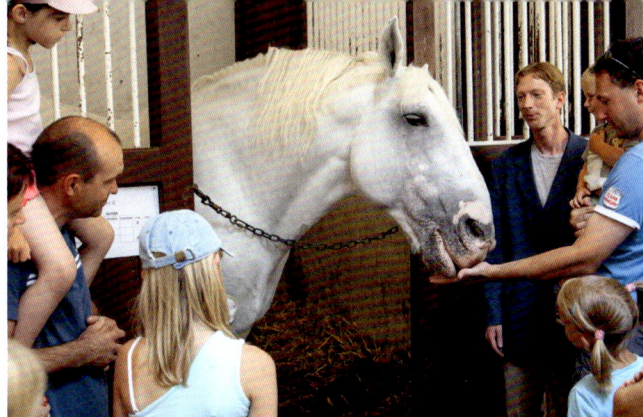

eine passende Bleibe gefunden ist — dankend wieder Platz.

Was darf sonst noch in einer Reportage über die Normandie nicht fehlen? Das Nationalgestüt Haras du Pin, Pilgerstätte für Pferde liebende junge Mädchen und reifere Frauen mit Horsepitalismus. Das Dorf Camembert, wo, richtig, ein normannischer Exportschlager reift. Zufall oder nicht, aber rund um Camembert zerfließt der Asphalt fast in der Mittagshitze, liegt Lethargie

in der bleiernen Luft, sodass die Tachonadel freiwillig Siesta bei 70 macht. Die Äpfel an den Calvados-Bäumen sind noch nicht reif — aber wir so langsam reif fürs Meer.

Yport hat dann zwar einen „Keinmuschelstrand", zudem gibt's statt Sand nur Kies, doch wer will da allzu pingelig sein? Muscheln satt warten etwas später in St. Valery-en-Caux unter den vor Sonne (und Möwen) schützenden Schirmen der Brasserie Le Corsaire. Die Gläser

auf den Tischen funkeln goldgelb oder rosé, vom Yachthafen wehen Gemurmel und Gelächter herüber.

Etwas rauer der Ton anderntags in Quiberville, wo aus den Netzen eines Fischerbootes der frische Fang gepflückt und direkt an den Marktstand nebenan weitergereicht wird. Zurück in Le Tréport ein allerletzter Teller „Moules à l'indienne", bevor es endgültig heißt: Harley marsch und bon voyage! ∎

INFOS

Reisedauer: 6 Tage
Streckenlänge: 1400 Kilometer

Streckencharakter: Flach an der 600 Kilometer langen Küste, leicht hügelig im Hinterland.

Besonderheiten: Acht Routen führen zu den Schauplätzen der Invasion von 1944 (D-Day). Im Binnenland finden sich Produktionsstätten für Cidre, Calvados und Camembert. Touristische Magnete sind das Hafenstädtchen Honfleur sowie der Mont St. Michel an der Grenze zur Bretagne.

Übernachten: Camping am Meer oder schlafen im Hotelzimmer. Nützlich für die spontane Quartiersuche unterwegs ist das Gesamtverzeichnis der oft familiär geführten Häuser von Logis de France.

Anreise: Autobahn (gebührenpflichtig) durch Frankreich bis Abbeville, Landstraße bis Le Tréport.

Adressen: de.rendezvousenfrance.com, www.normandy-tourism.fr

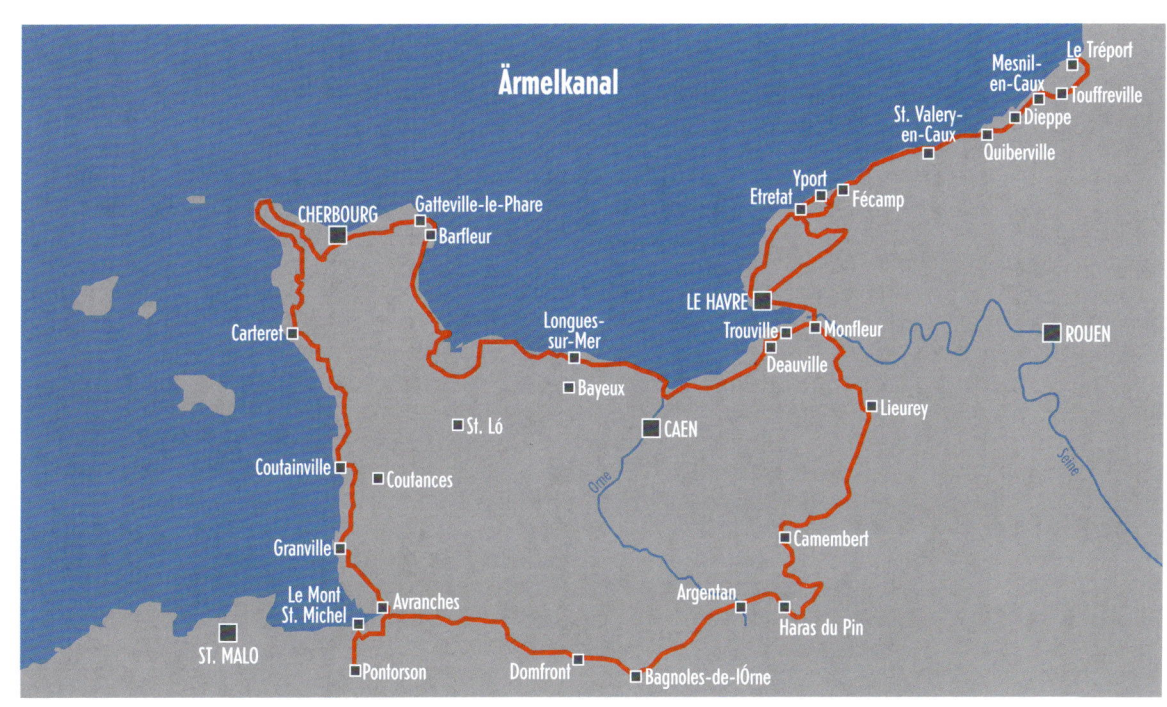

TANZ UM DIE VULKANE

Wie ein fein verästelter Lavastrom überzieht eine wahre Flut von Motorradsträßchen die Auvergne, eine Region voller erloschener Vulkane im Zentrum Frankreichs. Wir machen uns auf die Suche nach den zehn besten Strecken.

D996 bei St. Nectaire

„Och, eigentlich hat ja schon die Anfahrt höllisch Spaß gemacht", grinst Daniel, als wir wieder mal versuchen, eine Kandidatin unserer Top Ten der besten Motorradstrecken durch die Auvergne ins enge Punktekorsett zu zwängen.

Es ist die Qual der Wahl. Ein Blick auf die mit spaghettikringeligen Sträßchen gespickte Karte reicht, um zu wissen: Egal, wohin du fährst — Spaß ist garantiert. Entsprechend schwierig gerät die Auswahl möglichst kurviger Titelaspiranten. Dass sich manche Verbindungsetappe dann als mindestens genauso attraktiv entpuppt wie die eine oder andere der zehn Kandidatinnen selbst — nun ja, das ist das Glück der Fleißigen.

Zentraler Standort für die Erkundung der nördlichen Auvergne ist le Mont-Dore. Das den verblichenen Charme der vorletzten Jahrhundert-wende verströmende Thermalbad liegt am Fuße des Puy de Sancy, mit 1885 Metern höchster Berg der Region. So schroff der Puy, so zackig ist unse-re erste Piste, die D 36 über den Col de la Croix St. Robert nach Besse-et-St-Anastaise. Thermalkur für Kühlwasser, Motoröl und Reifen. Besonders auf jenem ausgebauten, mit Doppelleitplanken statt mit Stacheldrahtzäunen gesicherten Abschnitt, wo der „Course de côte internationale du Mont-Dore" stattfindet, ein alljährlich Anfang August ausgetra-genes Bergrennen.

Den Rest des Jahres dominieren hier oben die stillen Momente, macht allenfalls ein Bach mal plätschernd so etwas wie Krach — oder der ein-heimische Africa-Twin-Treiber seiner Sozia eine Liebeserklärung bei der Fahrt in den Sonnenun-tergang. Da gegen 21:30 Uhr in le Mont-Dore

Montpeyroux

nur noch die Pizzeria Don Camillo geöffnet hat, fällt die Wahl des besten Restaurants vergleichsweise leicht. Die Ergebnisse unserer Streckenwertung finden sich übrigens komprimiert am Ende dieser Geschichte.

Um die Unterstützung einer ortskundigen Jurorin bei DSDAS — Deutschland sucht den Auvergne Superstar — einzuholen, sind wir in Montpeyroux mit der Tourismus-Beauftragten Vanessa Michy zum Mittagessen verabredet. Selbst wenn der gemeine Genussbiker auf der Karte rot eingezeichnete Straßen meist meidet: die D 996, unsere zweite Kandidatin, wird er mögen. Zunächst führt sie als Achterbahn zum Col de la Croix Morand, danach lohnen Blicke auch über den gewundenen Asphalt hinaus.

Etwa zu jenem Vulkankegel, der wie ein grünes Dromedar in der Landschaft liegt, besiedelt von kletterkundigen Kühen, die als „Parasiten" auf seinem Höcker weiden. Oder zum Badesee Lac Chambon, zur Festung von Murol und zur romanischen Kirche des Käsestädtchens St. Nectaire. Die Krönung ist dann zweifellos das mittelalterliche Montpeyroux, durch dessen Gassen wir steil bergan zum Festungsturm und zum Restaurant Le Donjon zirkeln, Treffpunkt mit der quirligen Vanessa. Vollgestopft mit Infos — und mit Truffade, einer deftigen Käse-Kartoffel-Pfanne, die speziell Journalisten immer wieder energisch aufs Auge respektive in den Magen gedrückt wird — geht's zwei Stunden später pappsatt weiter.

Entlockt die Strecke von Job über den Col des Supeyres nach St-Anthème, dank Vanessas Empfehlung kurzfristig in die Wertung aufgenommen, dem verwöhnten Kurvengourmet eher ein „na, ja", so heißt es wenig später am Col des Pradeaux auf der D 996 nach Ambert (außer Konkurrenz) „oh là là".

„Nee, wie schade!" Die Straße hoch zum Puy de Dôme ist seit ein paar Jahren für Kraftfahrzeuge gesperrt — und damit der prominenteste Vulkangipfel der Auvergne, von dem aus man den anderen kegeligen Gesellen gut auf die markanten Häupter spucken kann, nur noch per pedes, Shuttle-Bus oder Rad zu erreichen. Alles nichts für uns heute, sodass Kandidatin 4, die Runde um den Puy de Dôme, ihres größten Reizes beraubt ist und schwer gehandicapt ins Rennen geht.

Der Col (eher ein Cölchen) de Ceyssat sowie die Dörfer Champille, Ternant und Orcines markie-

ren den Kurs. Für Abwechslung unterwegs sorgen, je nach Geschmack, die meditative Betrachtung des Puy de Pariou, der Besuch des Freizeitparks Vulcania oder die lustvolle Verproviantierung in der Boulangerie Pâtisserie Lastique in La-Font-de-l'Arbre. Das Vergnügen, auf der nahegelegenen Rennstrecke Charade eine Runde zu drehen, ist mit Motorrädern leider nicht möglich.

Wer die Auvergne-Karte auf der Suche nach appetitlichen Strecken studiert, entdeckt neben Cols und Puys auch diverse Gorges, wild geschlängelte Schluchten, die zu den kühnsten Träumen Anlass geben. Zwei davon wollen wir als Nummer 5 und 6 der Liste näher inspizieren, die Gorges d'Avèze zwischen Bourg-Lastic und Tauves sowie die Gorges de Courgoul zwischen Moulin Neuf und Compains.

Doch statt atemberaubender Ausblicke auf tief unterhalb der Straße gurgelndes Wasser zu genießen, rauscht man meist selbst, entweder durch kühlen Wald oder durch die pastorale Abgeschiedenheit von Feldern und Wiesen. Das wird sich ändern. Im hübschen Tauves ein grand crème in der Bar La Belle Epoque, in Compains an dem von Drachentöter Georg bewachten Dorfbrunnen frisches Wasser für Daniels Camelback — und dann Abflug ins 80 Kilometer entfernte Salers, unser heutiges Etappenziel und Stützpunkt für die südliche Auvergne.

Wie die Motorräder sind auch die Gedanken beschwingt unterwegs. Und landen bei der Hochzeit zu Kana, wo laut Johannesevangelium Jesus Wasser in Wein verwandelt hat. Was das mit dieser Geschichte zu tun hat? Nun, nichts gegen die bisherigen Strecken im Norden, aber irgendwie wirken Landschaft und Straßenverlauf jetzt immer „süffiger". Und dass das pittoreske Salers mit seinem Ensemble aus Lavasteinhäusern zu einem der schönsten Dörfer Frankreichs zählt, stimmt Testerseelen ebenfalls alles andere als traurig. Wohl denen, die vorsorglich Zimmer reserviert haben und abends nicht weiterziehen müssen.

Eine in der Sonne leuchtende, blau-weiß-grüne Schildertafel weist den Weg zu Testkandidatin 7, Col de Neronne und Col du Pas de Peyrol. Rote Verbotszeichen sperren Lastwagen, Wohnwagen und andere rollende Hindernisse aus. Im ersten Abschnitt schmal und mit passing-places wie in Schottland, hangelt sich das Sträßchen hoch zum Col de Neronne — die Panoramen sind eine

Ente in Valbeleix

Vincent mit Haifischverkleidung

Wonne —, geht dann für eine Weile auf Talfahrt und erklimmt schließlich, unter Zuhilfenahme einer der wenigen Serpentinen dieser Tour, den Col du Pas de Peyrol.

So verführerisch es ist, sich auf der Passhöhe gleich unterhalb des Puy Mary an einem der Terrassentische häuslich niederzulassen: Mit Kurs Nordost düsen wir gleich weiter ins einsame, nahezu baumlose Cezallier, wo bereits als Schönheit vom Lande Kandidatin 8 auf uns wartet, die Runde um den Col de la Pierre Plantée. Start wie auch Ziel ist Boutaresse, dazwischen liegt ein Abstecher hoch zum Col de la Pierre Plantée — ist hier vor uns schon jemals wer gewesen? — sowie als Zugabe der auf der Karte nicht eingezeichnete Col de Vestizoux. Unübersehbar dagegen die schwarzen Striche der Reifen, denen man auf den extrem rauen Straßen beim Verschleißen förmlich zusehen kann.

Auf einer wieder mal begeisternden Verbindungsetappe treiben wir die Maschinen via Vallée de Cheylade und Col de Serre zurück zum Pas de Peyrol, um von dort im Sturzflug durchzustarten zur Nummer 9 auf unserer Liste, der Strecke hinab ins Vallée de la Jordanne mit anschließender Auf. fahrt zum Col du Perthus. Tak, tak, tak, tak. Ganze Salven von Gravillon, zentimeterdick und flächendeckend gestreuter Rollsplitt, prasseln auf der letzten Sektion gegen die schutzlosen Unterseiten der Motorräder, sodass diese Kandidatin eigentlich disqualifiziert werden müsste. Aber wer will sich darüber schon lange echauffieren, spätestens beim Absacker auf der mondbeschienenen Place Tyssandier d'Escous von Salers ist aller Ärger hoffentlich verflogen.

Fehlt noch die Zehnte im Bunde. Das sollte eigentlich die Route des Crêtes nach Aurillac sein, doch eine Invasion grauer Wolken lässt uns umdisponieren und den zwischen Col de Neronne und Trizac liegenden Col d'Aulac ansteuern. So grandios bei klarer Sicht auf dieser Strecke die Eindrücke sein mögen, im nebeligen Dunst müssen sie verblassen. Das kann aber das Fazit nicht verwässern: Die Auvergne steht nicht nur im Alphabet ganz weit oben — ob mit oder ohne objektiv subjektive Punktewertung. ■

Col du Pas de Peyrol

Place Tyssandier d'Escous in Salers

Strecke	Langsame Kurven	Schnelle Kurven	Landschaft	Passhöhe	Verkehr	Höhe	Länge	Besonderheiten	Punkte total	Rang
1. Le Mont-Dore − Col de la Croix St. Robert − Besse-et-St-Anastaise	9	7	8	7	7	1451 m	25 km	teilweise Bergrennstrecke	46	1
2. Le Mont-Dore − Col de la Croix Morand − St-Nectaire − Montpeyroux	7	6	6	5	5	1401 m	46 km	diverse Sehenswürdigkeiten	35	6
3. Job − Col des Supeyres − St-Anthème	4	3	4	2	9	1366 m	26 km	Tip von Vanessa	26	10
4. Runde um den Puy de Dôme	5	5	7	1	9	1078 m	32 km	Freizeitpark Vulcania	32	7
5. Bourg-Lastic − Gorges d'Avèze − Tauves	5	5	4	0	8	Flachstrecke	22 km	Kunsthandwerk in Tauves	27	9
6. Moulin Neuf − Gorges de Gourgoul − Compains	5	5	6	0	9	Flachstrecke	17 km	schöne Dörfer unterwegs	31	8
7. Salers − Col de Neronne − Col du Pas de Peyrol	7	5	9	8	6	1242−1588 m	20 km	Panoramablicke	44	2
8. Boutaresse − Ardes − Col de la Pierre Plantée − Col de Vestizoux − Boutaresse	4	5	7	6	10	1129−1317 m	52 km	rau, aber herzlich	39	4
9. Pas de Peyrol − Col du Perthus	7	6	8	8	8	1588−1309 m	16 km	Rollsplittorgie	42	3
10. Col de Neronne − Col d'Aulac − Trizac	5	5	7	5	8	1242−1228 m	18 km	Panoramablicke	37	5

INFOS

Reisedauer: 4 Tage
Streckenlänge: 1000 Kilometer

Streckencharakter: Kurvige Bergstrecken, zwar nicht so extrem wie in den Hochalpen, dafür aber zahlreicher und weniger befahren.

Besonderheiten: Erloschene Vulkane prägen das Landschaftsbild. Dazu kommt das Wasser: Allier und Dordogne haben hier ihre Quellen, Firmen wie Volvic und Vichy produzieren Mineralwasser, alte Thermalbäder wie Chaudes-Aigues kümmern sich um Reha und Wellness. Schon ein Klassiker ist „Asterix und der Arvernerschild".

Übernachten: Für gepäckfreie Tagesetappen empfiehlt sich ein zentrales Quartier. Orte mit Flair sind z.B. Le Mont-Dore und Salers.

Anreise: Autobahn (gebührenpflichtig) durch Frankreich bis Clermont-Ferrand, Landstraße bis Le Mont-Dore.

Adressen:
de.rendezvousenfrance.com, www.auvergne-moto.fr

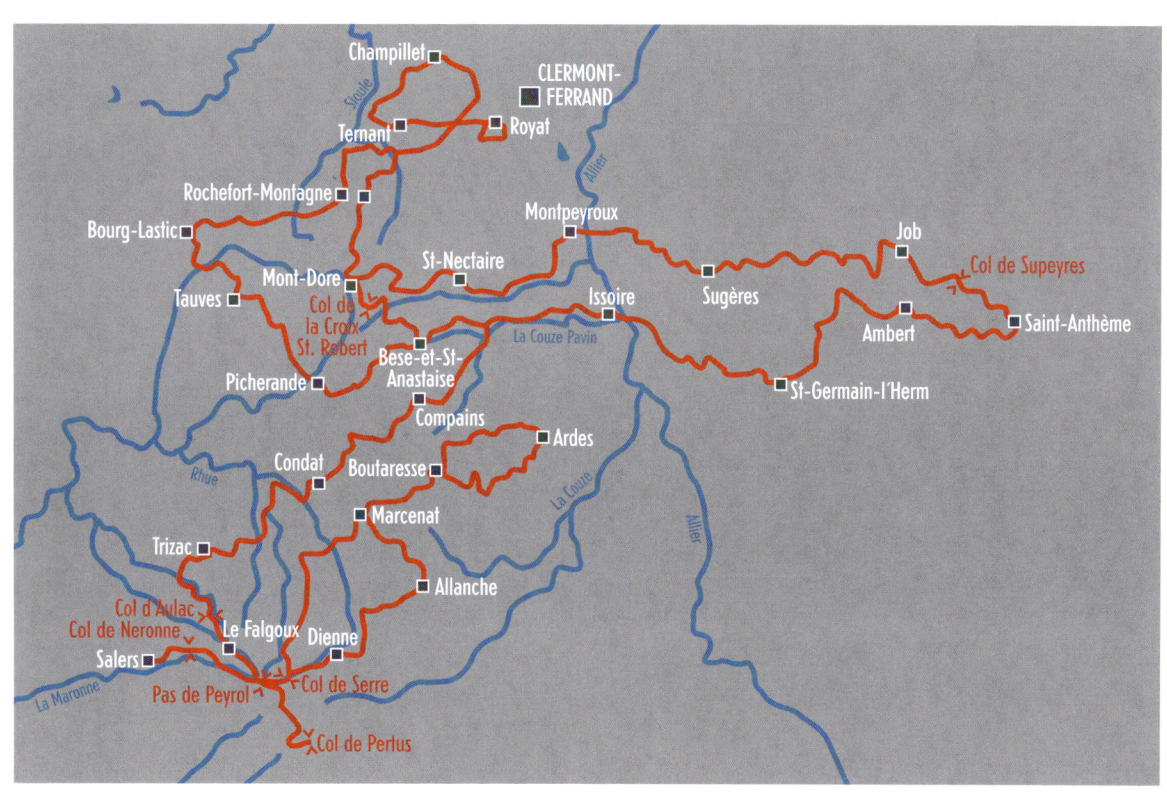

ROUTE DES GRANDES ALPES

HOCHARTIG

17 Alpenpässe, sechs davon über 2000 Meter hoch, knapp 16.000 Höhenmeter,

rund 700 kurvigste Kilometer zwischen Genfer See und Mittelmeer — einfach grandios,

die französische Route des Grandes Alpes.

Col d'Izoard

Es ist schon spät, als wir nach der Anreise durch die Schweiz endlich das Südufer des Lac Léman alias Genfer See erreichen. Während die Sonne im rot schimmernden Wasserbett versinkt, findet sich für uns kurz vor Evian ein gastliches Haus am See, das Hotel Panorama. Unweit davon stopft auch die Mägen von Nachtschwärmern noch die Pizzeria Le Tastevent. Vis-à-vis übrigens ein Tibeter, dessen Küche allerdings bereits Feierabend hat. Schade eigentlich, wäre dies doch die perfekte Einstimmung für die nächsten Tage, an denen die Durchquerung ja quasi des französischen Himalaya auf dem Programm steht.

Startpunkt der 1913 in ersten Teiletappen eröffneten Alpenpassage ist Thonon-les-Bains, ein Thermalkurort, der wirkt wie, excuse, eine Diva nach verkorkster Schönheitsoperation. Kein Vergleich zur eleganten Nachbarin Evian mit ihren schmucken Villen der Belle Epoque und dem pompösen Casino. Als seien sie kostbar wie 10.000-Euro-Jetons, wurden Hinweisschilder auf die Route des Grandes Alpes recht sparsam platziert. So ist etwas Spürsinn nötig, bis die Reiseenduros endlich artgerechtes Terrain vor der Schnauze haben und von der Leine dürfen.

Und schwupps geht es zu Pässchen Nummer eins, dem Col des Gets (1163 Meter). Was in deutschen Mittelgebirgen wie dem Harz, wo der höchste Brocken gerade mal 1141 Meter misst, der absolute Star wäre, wird hier nur „mitgenommen" wie ein dritter Torwart zur WM. Aber am gar nicht so fernen Horizont winken im Dunstkreis des Mont Blanc bereits zackig und mit schneeweißen Tüchern die wirklich Großen der Alpen.

Sportlich wird's bei der engagierten Attacke auf den Col de la Colombière (1613 m). Pneu

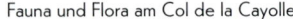

Fauna und Flora am Col de la Cayolle

Col de la Cayolle

Col de l'Iseran

Gorges du
Bachelard

oben, v. l.

Col du Galibier

Col de l'Iseran

Strandpromenade
von Menton

unten, v. l.

und Asphalt sollten ein gut eingespieltes Team sein, Haftung ist gefragt. Auch die Kollegen der pedalierenden Zunft haben den Pass ins rasend pumpende Herz geschlossen. 180 auf der Landstraße — kein Problem. Doch selbst wenn feinstes Hightech-Material bewegt wird, teurer als zum Beispiel eine gut abgehangene Fireblade: Hinter professionellem Outfit verbergen sich bei näherer Betrachtung oft eher fitte Silversurfer als ernsthafte Aspiranten aufs Maillot Jaune der Tour de France. Was bei unsereins ja kaum anders ist, Dainese hin, Arai her.

Auf respektive ab zum nächsten Zwischenziel, dem Col des Aravis (1487 m). Dort an einer Souvenirbude ein Kräuterlikörchen probieren? Nö, unsere Droge heißt jetzt Alpes, nicht Alkohol. Wie einst die Siedler im Wilden Westen sind wir unersättlich, ziehen weiter und weiter, statt irgendwo länger zu verweilen. Vom gelobten Bergland, daheim häufig vermisst, gibt's schließlich mehr als genug. Wen stört es da, dass die Passhöhe des Col des Saisies (1650 m) an einem öden Großraumparkplatz liegt, geschaffen fürs Heer der Wintersportler. Im Sommer erinnert Les Saisies, 1992 Austragungsort der Olympischen Spiele, an eine ausgestorbene Westernstadt nach dem Goldrausch. Die „Saloons" sind geschlossen, leere Gondeln baumeln an den Drahtseilen der Lifte wie Schlingen am Galgen. Da findige Köpfe jedoch nicht nur auf Schnee setzen, gibt's hier inzwischen auch einen riesigen Bikepark zum rasanten Downhillen auf schwarzen Tracks, zumindest für Cracks.

Wir bleiben unseren Spurtgeräten treu und rauschen weiter, unaufhaltsam wie das Schmelzwasser, das mit mächtigem Getöse am Cormet de Roselend (1967 Meter) die Straße quert. Der Bordcomputer meldet schattige sieben Grad Celsius, ungefähr die Temperatur des hoffentlich irgendwo auf uns wartenden Feierabend-Bieres. Aber noch ist es nicht so weit.

In Bourg-St.-Maurice ein kurzer Tankstopp für Mensch und Maschine — und Start frei für 43 Einsame-Klasse-Kilometer bis zum Col de l'Iseran. Dank der Gnade des späten Unterwegsseins sind die Straßen leergefegt wie ein schwäbischer Bürgersteig am Freitagabend, dank ausgeschlafener britischer Ingenieure faucht der 1200er-Drilling beim Kurvenräubern vor Vergnügen. Brav vom Gas in Val d'Isère, auch das ein Winter-

sportmekka im sommerlichen Dornröschenschlaf, und weiter zur Passhöhe zwecks spätromantischer Pixelung des Bergpanoramas. Schön, wenn bei solchen Exkursionen das Begleitpersonal nicht um 21 Uhr anfängt zu quengeln: Hunger, kalt, noch kein Quartier. Marcus, merci!

Spektakuläre 17 Kilometer windet sich der graue Wurm, 1937 als höchste Straße Europas dem Fels abgerungen, aus immer karger werdendem Tal himmelwärts, eingerahmt von seltsam rosafarben schimmernden Schneefeldern und den Graten schroffer Berge. Col de l'Iseran. 2770 Meter. Null Grad, ebenso viele Herbergen. Auf eine hatte ich klammfingerheimlich gehofft, wollte möglichst dicht am Dach der Alpen dormiren. Also schnell zurück ins plötzlich ganz heimelig erscheinende Val d'Isère, wo wir schließlich wie die Murmeltiere im Hotel L'Avancher in Morpheus Arme fallen. Nicht ohne zuvor nochmal durchzustarten zum Szene-Schuppen Le Canyon. Und uns dort zu fragen, ob das alkoholfreie Weizenbier wirklich sans alcool ist wie geordert.

Sans soleil ist jedenfalls der samedi matin. Oui, oui, mit Wetterkapriolen ist in den Alpen eben immer zu rechnen, selbst bei sonnigsten Prognosen. Wohl dem, der dann dank eines vorsorglichen Equipment-Managements nicht zum Zitteraal mutiert.

Wie ein langer bunter Wurm begegnet uns an diesem Samstag gegen Mittag das weit auseinandergezogene Feld einer Rallye für klassische Sportwagen, schemenhaft tauchen die schärfsten Schlitten aus dem Wassertröpfchenozean auf. Wisch und weg. Col du Télégraphe (1566 Meter), Col du Galibier (2645) sowie Col du Lautaret (2058) — allesamt fest in der Hand, genauer gesagt: in den Waden der Rennradfraktion und regelmäßig Bühne für die Dramen der Tour — versinken in einer gigantischen grauen Suppe. Da hilft alles Schönschreiben nichts. Aber die Hoffnung auf eine blauhimmelige Rückfahrt. Und vorerst die Tagessuppe in der Crêperie Le Kawa in Le Monêtier-les-Bains. Sämig-flüssig eingekochtes Gemüse mit zerbröseltem Baguette und geriebenem Käse: Das Leben kann einfach lecker sein.

Vom Kleinen wieder zum Großen. Wie erstarrte Überbleibsel aus der Ursuppe des Planeten sehen sie aus, die spitzfelsnadeligen Gebilde in der Geröllwüste des Col d'Izoard (2360 Me-

Col de Turini

Col du Galibier

Col de l'Iseran

Refuge Napoléon
am Col d'Izoard

Col des Aravis

(im Uhrzeigersinn)

ter), markantester Protagonist der ganzen Route und ideale Vorlage fürs beliebte Psychospiel: Sag mir, was du darin siehst, und ich sag dir, wie du tickst.

„Super zu fahren, astreiner Asphalt, keine Zeit zum Blümchenpflücken", notiert der Chronist 50 Kilometer weiter bei einer kleinen Pause am Col de Vars (2109 Meter) — und erinnert sich mit leichtem Schaudern an die Zeiten, als Fußrasten noch nicht klappbar, sondern starr montiert waren. The next Col is calling, der Col de la Cayolle (2326 Meter). Wie die Schwänze der Lämmer, die zusammen mit ihren Müttern und Vätern am Ortsende von Barcelonnette auf die Weide getrieben werden, „wackelt" das Sträßchen durch eine enge Schlucht extrem naturnah bergan. In der Gorges du Paluel gischtet es freundlich blau-weiß wie die Lackierung der Explorer, weiter oben zwei Wasserfallbrücken wie am Trollstigen in Norwegen.

In einer Kurve ein zerknülltes Verkehrsschild, als habe Kartoffelzerquetscher Raimund Harmstorf — Altrocker werden ihn noch kennen — mal eben kräftig zugedrückt. Am Pass der Himmel uns hellauf entzückt: pastelliges Blau als Vorbote des Südens. Irgendwo da hinten muss es liegen, das sonnenverwöhnte Mittelmeer. 130 Kilometer bis zum brodelnden Nizza, auch wenn das momentan noch ähnlich weit weg scheint wie der Neptun. Apropos: Wenn du dich in den einsamen Bergen nachts verbremst und unbemerkt einen Steilhang runterkullerst, dürften die Chancen auf Rettung ähnlich hoch sein wie bei einem Astronauten, dem beim Weltraumspaziergang die Verbindungsleitung zum Raumschiff reißt. Sag mir, woran du denkst ...

Fröhliche Stimmungstupfer setzt in den Alpen naturgemäß die Flora. So entdecken geschulte Augen reihenweise Frauenschuh — bei einer Männertour wie dieser ja eher selten mit von der Partie. Trank und Speis zur Nacht heute im Hotel de Pelens in St. Martin d'Entraunes. Kein feudaler Luxusschuppen, aber günstig positioniert am Scheitelpunkt der zentralen Dorfserpentine und ganz familiär geführt in der dritten Generation von Juniorchefin Julie. Besonders für weibliche Gäste offenbar bestimmt ein Duschvorhang voller putziger Frösche — genug Auswahl, einen Prinzen herbeizuküssen.

Irgendwie wirken sie jetzt lieblicher, die Pässe, fast schmusig wie eine Hauskatze. Was die Tiger nicht davon abhält, auf asphaltiertem Parkett die Krallen auszufahren. Gab es im Norden zwischen all den Power-Pässen doch immer wieder mal längere einlullende Verbindungsstücke — wie im Leben eines Löwen, der brüllt und frisst, aber ebenso ausgiebig ruht, bis zum nächsten eruptiven Gewaltakt —, so protzen nun Col de Valberg (1673 Meter) und Col de la Couillole (1678 Meter) zwar nicht mit Höhenmetern, punkten aber bei Vor- und Nachspiel.

Ein Feuerwerk auch bei den Farben. An jeder Ecke explodiert es lila, gelb und blau. Lavendel, Ginster, Glockenblumen? Hornveilchen, wilde Vergissmeinnicht und Mimosen?? Egal, immerhin können wir fehlerfrei die verschiedenen Arten der omnipräsenten GS bestimmen. Schwieriger wird's, als auf der D2205 bei St-Sauveur-sur-Tinée ein ganzes Geschwader Tiefflieger im Überschall-Modus vorbeidonnert. R1, ZX-10R, S1000RR, 750er oder 1000er GSX-R? Jedenfalls keine Panigale dabei, das hätte man dann doch gehört.

Links ab zum Col Saint-Martin (1500 Meter). (H)eilige Madonna! Warum gibt's so was nicht in, sagen wir mal: Dortmund-Marten? Wahrscheinlich wäre die Strecke dort längst für Motorräder gesperrt. In der Vollgasbranche sorgt seit mehr als 100 Jahren für Furore — wenn auch vornehmlich im Winter —, was südöstlich von Roquebillière rockt, der Col de Turini (1607 Meter). Dessen Serpentinen sind zweifellos das Salz in der Suppe der Rallye Monte Carlo, selbst im Sommer ist die Fahrbahn noch mit fetten schwarzen Strichen vom Reifenabrieb zugemalt.

Buchstäblich als Absacker geht es schließlich über den Col de Castillon. 706 Meter, na ja. Und dann Menton, au ja. Palmen, Sonne, Strand und Mittelmeer — was willst du am Ende der Route des Grandes Alpes mehr? Hoch und lang soll sie leben, die Königin der Alpenstraßen. ■

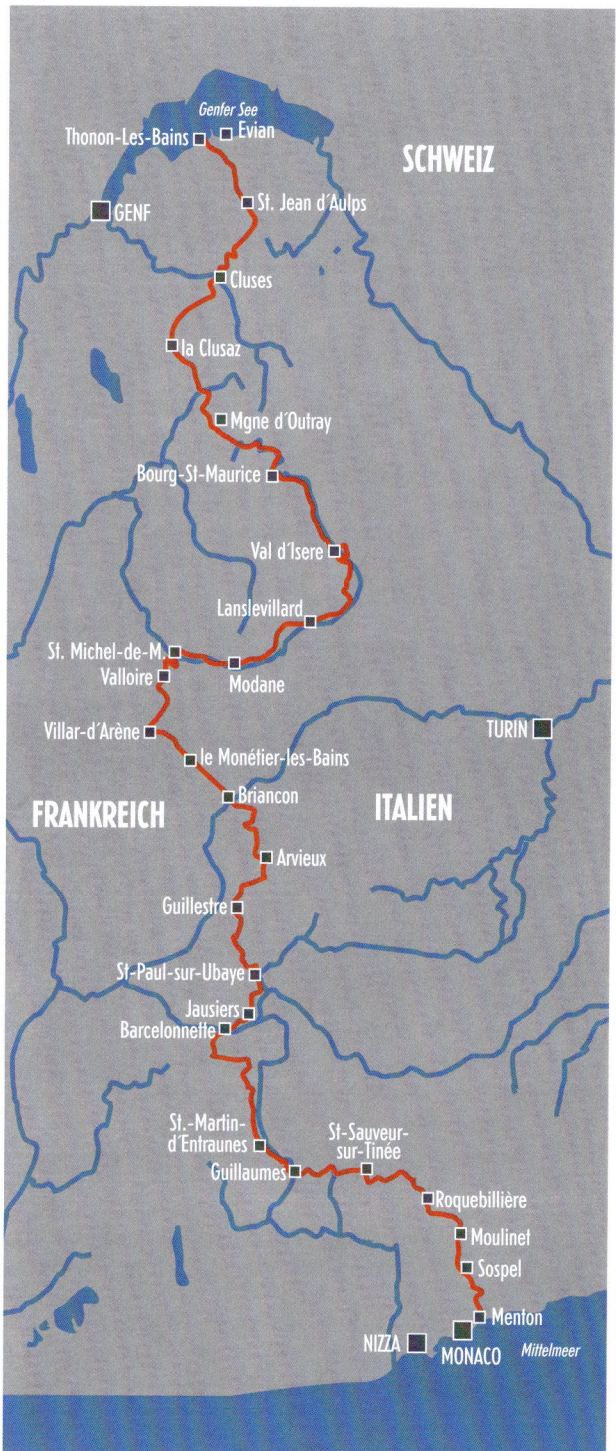

INFOS

Reisedauer: 3 Tage
Streckenlänge: 800 Kilometer

Streckencharakter: Hochalpine, anspruchsvolle Bergstraßen, alle asphaltiert, wenn auch in unterschiedlichem Zustand.

Besonderheiten: 17 Alpenpässe, darunter viele der spektakulärsten in Frankreich, sprechen für sich. Abstecher von der vorgegebenen Route führen zu weiteren lohnenden Pässen und Bergen (Col de la Bonette, Alpe-d'Huez). Die Offroad-Fraktion freut sich (noch) über alte Militärsträßchen. Stets zu rechnen ist im Gebirge mit Wetterkapriolen und großen Temperaturschwankungen.

Übernachten: Genügend freie Betten bieten unterwegs Städte und Dörfer (Wintersportorte); oben am Berg sind Quartiere selten, zudem die Küchen mangels Personal schon früh geschlossen.

Anreise: Durch die Schweiz (mautpflichtig per Autobahn oder zeitintensiv über Land) an den Genfer See und dort am Südufer bis Thonon-les-Bains.

Adressen: de.rendezvousenfrance.com, www.grande-traversee-alpes.com/en/route-des-grandes-alpes

DIE INSEL

Mallorca ist so etwas wie everyone's darling unter den sonnenverwöhnten Urlaubsinseln, und auch Motorradfahrer finden dort Lieblingsstrecken en masse, sogar recht fern vom Massentourismus und zugleich durchaus nah — nur rund zweieinhalb Flugstunden entfernt.

„Krawattenknoten" bei Sa Calobra

Kurz vorm Abflug. Sie: „Freust du dich? Bestimmt freust du dich schon!" Er: „Naja, geht so." Mallorca: Trauminsel für die eine(n), nicht frei von albtraumhaften Aspekten für die (den) anderen. Etwa zehn Millionen Touristen stranden jährlich auf der größten Insel der Balearen. Viele ballern sich nur für ein paar Tage die Festplatte zu, manche bleiben für immer, kaufen eine Finca oder bauen sich eine neue Existenz auf.

Einer von ihnen könnte Sven werden. Der gelernte Zimmermann aus Chemnitz jobbt zur Zeit als Mechaniker und Tourguide beim Motorradvermieter Mallorquin-Bikes — erstmal zur Probe. Die haben seine beiden Chefs, Anke und Johannes, längst hinter sich. „Wir sind die weißesten Mallorquiner", erklären sie grinsend die Nebenwirkungen ihres florierenden Geschäfts, das sie nach der Auswanderung aus Deutschland mutig gegründet haben und das nun kaum Zeit zum Sonnenbaden lässt.

Schön schattig in einer ehemaligen Weinessigfabrik in Felanitx stehen die Leihmotorräder; der Stall ist voller BMWs, von der leichten Sportenduro bis zur Roadster. Wer's geiler findet, mit einer fetten Harley zu posen: auch dafür findet sich auf Malle ein Vermieter. Und wer ohne Begleitung auf die Insel geflogen ist, steht am ersten Abend möglicherweise als einsamster Biker der Welt am mondbeschienenen Hotelstrand in Cala d'Or. Und simst: Wär ich eine Flaschenpost, schwämm ich zu dir.

Montagmorgen, Start nach „oben rechts auf der Karte", zum Cap de Formentor. Danach soll's weitergehen in die Serra de Tramuntana, den 90 Kilometer langen, bis 1400 Meter hohen Gebirgszug, der Mallorcas Norden zum Refugium für Strandflüchtlinge macht. Mit von der Partie sind Thorsten und Alexander, die bei ihrer Mietmotorrad-Recherche ebenfalls in Felanitx gelandet

Enduro-Training mit Johannes

Kathedrale von
Palma de Mallorca

Sonnenuntergang
bei Deià

sind. Damit wir uns nicht an der Küste verzetteln, via Petra zügig durchs flache Inland bis Port de Pollença. Dort in einem Straßencafé mit Blick auf Boote, Bucht und Berge erzählt Thorsten von einer Politesse, die mal eine Gruppe falsch geparkter Maschinen abkassieren wollte, sieben mal 200 Euro forderte.

Wie es war, als noch Segelschiffe von Piraten ausgeraubt wurden, das kann sich gut vorstellen, wer auf einem Stichsträßchen hoch zum alten Wachturm Talaia d'Albercuix gekurvt ist. Tief unten das wüste Gezacke der zerklüfteten Küste, dazu bergige Halbinseln, die wie urzeitliche Monsterechsen aus dem Wasser ragen. Das soll die biedere „Hausfraueninsel" Mallorca sein? Sieht doch viel exotischer aus, mindestens wie Neuseeland. Es hat schon Typen gegeben, auch das weiß Thorsten, die wurden hier oben am Turm so high, unterstützt vielleicht durch nicht ganz nebenwir-

kungsfreie Pillen, dass Stunden vergingen, bevor sie wieder fahrtüchtig waren.

Und das solltest du schon sein, wenn es nun weitergeht zum Cap de Formentor. Eine kurvenreiche Knallerstrecke durch Fels und Wald, der fahrphysikalische Flow hoffentlich nicht allzu sehr gestört durch Busse und Mietwagen, die ebenfalls zum nordöstlichen Zipfel der Insel karawanen. Und dort vor Leuchtturm und Bar kaum einen freien Parplatz finden. Wer darob einen Hals kriegt, oder selbigen nicht voll, sollte 60 knackige Kilometer weiter westlich mal den „Krawattenknoten" probieren, die 300-Grad-Serpentine und spektakulärste Stelle auf dem Weg nach Sa Calobra.

Wie eine Anakonda windet sich der Asphaltwurm aus der Serra de Tramuntana 800 Meter tief hinab zum Meer. 15 Kilometer kunstvollst geknüpfter Bodenbelag für eine Luftlinie von vier Kilometern: Das schreit förmlich nach einer neuen Maß-

einheit, einem Pendant zum Leistungsgewicht „PS pro Kilogramm". Dass dann im winzigen Sa Calobra der Besucherstrom schon versiegt ist, allenfalls Wellen in der felsigen Bucht der grandiosen Schöpfung Beifall klatschen, stört nicht weiter, im Gegenteil. Die 800 Höhenmeter retour gehören uns ganz allein, und auch auf der Sonderprüfung über den Coll de sa Bataia nach Selva steht kein Blech hinderlich im Weg. So leer abends die Straßen, so voll noch schnell der Teller am Buffet im Hotel, wo, typisch für einen Motorradinselurlaub, du oft der letzte Esser bist im Saal.

Dienstag, 7 Uhr. Treffen mit Sven in Portocolom, um der Sonne beim Aufgehen zuzusehen. Die Gute kommt nur mühsam aus dem Himmelbett, scheint verpennt wie Lady Gaga nach durchfeierter Nacht. Es bleibt bloß ein geduldiges „Wo die Spitzen der Wolken jetzt hell werden, da muss sie sein". Zum Wachfahren dann die göttlichen Serpentinen zum Wallfahrtskloster San Salvador; auf der Bergkuppe eine übermenschlich große Jesusfigur sowie ein Blick bis zum Glitzermeer. Winterdepressionen haben keine Chance, ganz zu schweigen von „Rücken", der daheim droht, wenn du bei Schmuddelwetter nur vorm Rechner hockst.

Mit Kurs Nordwest kreuzen wir weiter über ein feines Netz von Wirtschaftswegen durch schachbrettartiges Bauernland. Das mitteleuropäisch geeichte Auge bleibt staunend an kolossalen Kakteenhecken hängen; und angesichts frisch gepflügter, braun geschuppter Felder assoziiert man vielleicht die gegerbte Haut eines Dieter Bohlen, der zu lange im Solarium gelegen und neue fiese Sprüche für DSDS ausgebrütet hat.

Ein schön schlankes Sträßchen bringt uns nach Binissalem, kurz danach in Alaro auf der Plaça de la Vila der Kellner des Ca'n Punta zwei üppige Salatteller. Es folgt, hoch zum Castell d'Alaró, die schlechteste Straße der Welt, naja, der Insel. Schlaglöcher wie aus der Gießkanne, daneben wie Dorfälteste leicht gebrechliche Olivenbäume. All das ist mit der GS purer Genuss — der am Ende der Marterstrecke noch gesteigert werden kann: im vielfach gelobten Restaurant Es Verger durch butterzartes Lamm.

Alles andere als eine Qual auch das Vall d'Orient. Ein Hochtal, sattgrün wie ein Billardtisch, zerschnitten nur von der Straße, als hätte jemand vor lauter Übermut mit dem Queue

eine kurvig-krakelige Linie ins Tuch geritzt. Wie Flipperkugeln dann über den Pass nach Sóller geflitzt, gerade rechtzeitig, um Punkt 19 Uhr bei Deià Zeuge zu werden, wie im Meer glutrot die Lady versinkt, die uns heute lange begleitet hat, from dawn till dusk.

Mittwoch, 24. Oktober. Zwei Monate bis Heiligabend. Wie kleine Jungs freuen sich Physiotherapeut Martin, Orthopäde Jens und drei weitere Kandidaten auf ein professionelles Enduro-Training. Schnell ein paar Liegestütze sowie eine freundschaftliche Bauchfettanalyse, und schon stauben wir los, folgen der HP2 von Johannes schleichpfadend bis zum Santuari de la Consolacio, dem Kloster der gnädigen Frau. Auf dem Vorplatz der verschwiegenen Eremitage ein Trockenkurs in Offroad-Technik, bevor die Crosshemden vor Schweiß bald nur so triefen. Sven und ich wollen unseren Motorrädern noch mehr von Mallorca zeigen, steuern zwecks zügigen Vorankommens wieder befestigtes Terrain an.

Bei Porto Cristo zweimal „Fuchsröhre" mit Kompression wie auf der Nordschleife, rund um Cala Millor eine sterile Hotellandschaft, der man gerne die Rücklichter zeigt, und nördlich von Artà dann im Naturpark Península de Llevat vorerst Ruhe im Gelände. Von schorfigem Restasphalt belegte Pfade führen direkt zu den sandigen Badebuchten Cala Torta und Cala Mitjana. Zurück nach Artà — unterwegs Schnupperkontrolle, ob denn das vorm Restaurant Sa Teulera am Spieß rotierende Spanferkel inzwischen knusprig ist —, und auf einem ebenfalls leckeren, sich durch die Hügel hangelnden Sträßchen zu einem Hort der Askese, zur Ermita de Betlem. Da fährt man wirklich gerne ins Kloster. Einige rennen sogar hin, trainieren auf der abgelegenen Strecke für den Mallorca-Marathon.

Donnerstag. „Da bist du noch nicht gewesen? Mich erinnert das jedesmal an die in den Fels gesprengten Straßen der Dolomiten. Du wirst ausflippen!" Johannes hat es echt drauf, immer wieder Lust auf neue Exkursionen zu machen. Eine S1000RR-taugliche Strecke von Porreres nach Lucmajor, gleich drei Klöster auf einem Berg bei Randa, irgendwann gegen Mittag Valdemossa, dank George Sand und Frédéric Chopin sicher allseits bekannt.

Gut nur, dass Busse und Wohnmobile nicht ausflippen dürfen, sodass das folgende Vergnü-

Oberbayern (Disco) in S'Arenal

Strand von S'Arenal

Markt in Santanyi

Strandbucht bei Portals Vells

(im Uhrzeigersinn)

gen, die sechs Kilometer steil und eng bergab zum winzigen Port de Valdemossa, ein vergleichsweise exklusives bleibt. Weiter geht es auf der Ma-10 hoch über der Küste an der Kante der Serra de Tramuntana, quasi das Kammstraßensutra auf Mallorca. Sahne-Asphalt vor Andratx pusht den Adrenalinspiegel, Angststreifen schmelzen dahin wie weiße Hautpartien am FKK-Strand der Platja El Mango.

Irgendwann spielt sogar der Magen Hanging-Off und will gefüttert sein. Die Speisung der Hungrigen gelingt in Galilea, einem nach biblischem Vorbild benannten Bergdorf mit Café und Restaurant am zentralen Kirchplatz. Den Bauch voller Tapas fährt es sich danach nochmal so schön. Ma-1041 und Ma-1016, Coll d'es Vent und Coll de Sa Creu. Und mitunter die Straße überwuchert von Zweigen, sodass man sich bückt, als hätten die Enduros Stummellenker.

Wer wird da nicht zum Malle-Fan? Ihr Ende findet unsere Berg-Exkursion am Stadtrand von Palma. Boah ey! Die Inselhauptstadt verdiente sicher mehr als dreißig Minuten, müssten wir uns wegen der Dämmerung nicht sputen. Also nur drei Zeilen: Im Yachthafen manifestiert sich die Maxime vom Luxus vor, mit der kolossalen Kathedrale die Hoffnung auf ein Leben nach dem Tod.

Freitag im Frühstücksfernsehen ein Bericht über das Rentnerparadies Florida, wo sich Bewohner mit einer Million Dollar in Luxuswohnanlagen einkaufen. Wer nicht ganz so viel Schotter angehäuft hat, kann am Cap de ses Salines immerhin Steine aufschichten. Das felsige Ufer am Südzipfel von Mallorca ist gespickt mit kunstvollen Türmchen wie in Norwegen die E6 am Polarkreis.

Das Visier voll glitzernder Salzkristalle vom aufschäumenden Meerwasser, steuern wir nun den Ort an, der ähnlich magnetisch wirkt wie das Nordkap: S'Arenal, das mit Bettenburgen zugepflasterte Epizentrum des balearischen Bebens, Garant für Stimmung und Show zwischen Sandstrand und Disco rund um die Uhr, selbst wenn in der Nachsaison viele Läden schließen.

Beim Cruisen entlang der Uferpromenade plötzlich zwischen den Strandbars Ballermann 1 und 2 ein animierendes „Hallo, Männer, wie wär's mit 280-Gramm-Steaks, original vom deutschen Metzger, für nur neun Euro". Andy nimmt die Sonnenbrille nie ab und den Mund immer voll.

Der Telekommunikationsfachhändler und -techniker aus Berlin lebt seit neun Jahren auf Mallorca und arbeitet dort als Promotor fürs El Bistro. Beim Versuch, Passanten das Lokal schmackhaft zu machen, muss er Ton und Sprache sofort richtig treffen. Der Profi erkennt Holländerinnen an ihren Birkenstocks, schätzt an Engländerinnen die Tuchfühlung und die gepiercten Bauchnabel. Zum Abschied von Andy der Tipp: „Wenn ihr den Flugzeugen mal direkt unter die Flügel gucken wollt, fahrt zur Ma-5013 Richtung Sant Jordi, da schweben sie im Landeanflug ganz dicht über eure Köpfe."

Samstag. Zum letzten Mal im Speisesaal des Hotels das Quietschen des Toaster-Rollbandes und der Mix aus Muscle-Shirts und Blümchen-Blusen. Neben Klamotten auch Obst und Gemüse sowie Schnick und Schnack gibt's auf dem wuseligen Wochenmarkt rund um die Kirche in Santanyi. Unter den Anbietern auffällig viele Schwarze, das tiefdunkle Braun ihrer Haut nicht die beliebteste Visitenkarte auf Mallorca, wo, so erklärt Johannes, zum Ausgleich für die spanischen Enklaven in Nordafrika diese Menschen finanziell unterstützt würden; das wiederum störe notleidende Einheimische oft gewaltig. Aber wer will im Urlaub schon solche Themen länger wälzen.

Vamos a la playa, zum Strand am Cap de la Figuera, nicht zu verwechseln übrigens mit Cala Figuera, dem hübschen Fischerort mit dem laut Reiseführer schönsten Hafen der Insel. Nach einem Rutsch quer über das Eiland — ja, so ein festes Quartier beschert dir viele Kilometer, davon manche auf der Autobahn — erweist sich die Zufahrt bis direkt zum Cap zwar als gesperrt, doch bereits kurz davor finden wir in Portals Vells die ultimative mallerische Bucht: Sandstrand, Strandbar, Parken in Sichtweite, Pinienwald, paradiesisch klares Wasser. Fehlt noch was? Klar, der Promi-Faktor. Den liefert in Santa Ponça Kult-Blondine Daniela Katzenberger mit Fanshop und Café — ganz in Pink und irgendwie Vorbotin für den Alltag mit oder ohne VOX und Co. zuhause, wo bald wohl wieder mal eine Neuformatierung der Festplatte fällig ist. ∎

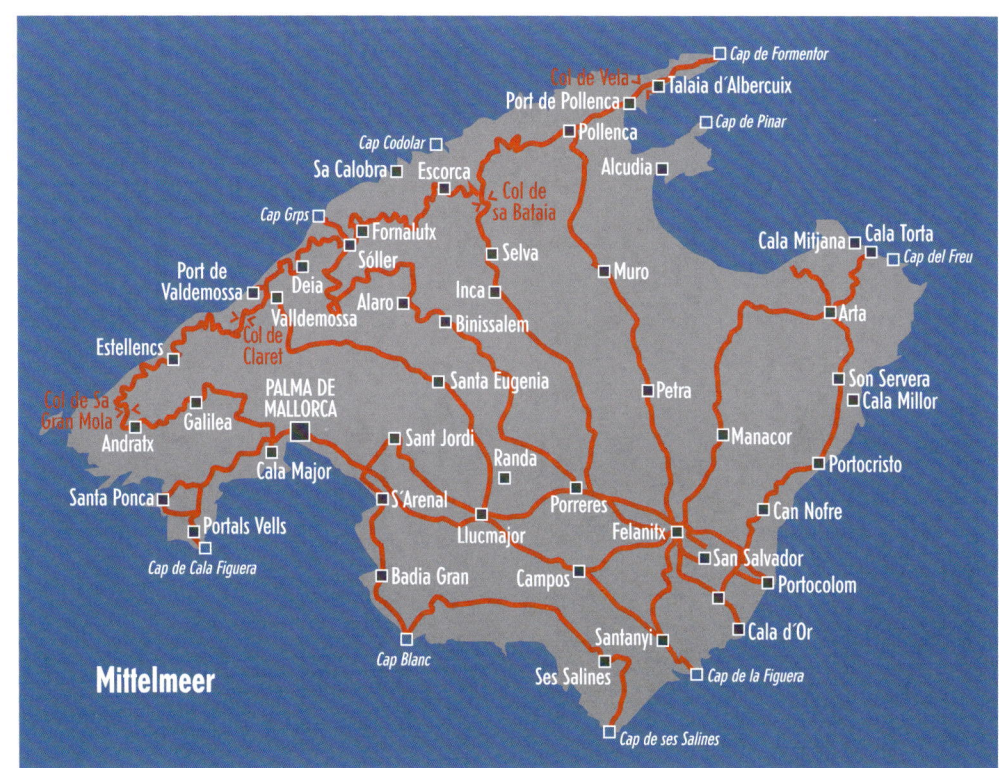

INFOS

Reisedauer: 6 Tage
Streckenlänge: 1500 Kilometer

Streckencharakter: Flachetappen im Binnenland, kurvige Bergstrecken in der Serra de Tramuntana mit Steilabfahrten zur Küste sowie Flaniermeilen rund um S'Arenal.

Besonderheiten: Jenseits von Sandstrand und Partymeile ist auch Raum für andere Aktivitäten: Segeln, Schnorcheln, Wandern, Klettern, Mountainbike oder Rennrad fahren — und natürlich Motorrad fahren. Die eigene Maschine kann per Fähre mit auf die Insel, ansonsten helfen Vermieter vor Ort gerne weiter; das Angebot reicht von der Sportenduro bis zur Harley.

Übernachten: Pauschal in einer der zahllosen Bettenburgen, die dann nur als Versorgungsstation für die wenigen motorradfreien Stunden dient; oder ganz individuell in einer hübschen Finca oder auch in einem Kloster.

Anreise: Auf eigener Achse bis zur Fähre in Barcelona oder Valencia. Andernfalls von einem der vielen Flughäfen in Deutschland aus per Flieger.

Adressen: www.spain.info, www.mallorca.com, www.mallorca-homepage.de, www.mallorcazeitung.es

Sierra de Gredos

ÜBER ALLE BERGE – MITTEN INS HERZ

Sie liegen für uns zwar nicht gerade um die Ecke, lohnen aber die längste Anreise:

die kurvenreichen und einsamen Sierras bei Madrid. Idealer Kontrast dazu ist die Hauptstadt selbst,

das pulsierende Herz Spaniens.

Schon mal gehört: Sierra de Guadarrama, Sierra de Gredos? Nein? Aber bestimmt von Carlos Sainz, dem zweifachen Rallye-Weltmeister. Was das miteinander zu tun hat? Nun, die Sierras nordwestlich von Madrid sind der Spielplatz, wo Sainz, 1962 in Spaniens Hauptstadt geboren, das Gasgeben gelernt haben dürfte — und wohin wir jetzt unterwegs sind zu einem Gas(t)spiel fernab der Alpen, die ja heute wirklich jeder kennt. Zur Akklimatisierung etwas Slalomfahren durch den Feierabendverkehr auf der M-505 bis San Lorenzo de El Escorial. Wir hätten gar nicht so zu hetzen brauchen: Das Restaurant im Hotel Botánico hat nicht bis, sondern ab 21 Uhr geöffnet. Das fängt ja gut an, viva España.

Der heilige Lorenzo möge verzeihen, doch die Lust auf inwändige Besichtigung von El Escorial, einer kolossalen Klosteranlage aus dem 16. Jahrhundert — 1860 Räume, 16 Kilometer Gänge — tendiert gegen Null. Zumal am strahlend blauen Firmament der Lorenz knallt. Wenn das kein Fingerzeig von ganz oben ist.

Dort wollen wir auch hin. 1200, 1300, … 1800 Meter. So wohlig warm es der Buell Ulysses beim schwungvollen Anflug auf den Pass Puerto Navacerrada ums heftig pulsierende Herz wird, so gern haben wir zuvor im Valle de los Caídos aufs Frösteln verzichtet. Im „Tal der Gefallenen" hat Diktator Franco von Zwangsarbeitern eine bombastische Gedenkstätte für die Toten des

Altstadt von Segovia

Bürgerkrieges (1936–39, mehr als eine halbe Million Opfer) errichten lassen, die nach dem Tod des hier ebenfalls beigesetzten Faschistenführers zur Pilgerstätte der spanischen Rechten geworden ist.

Wie einen kleinen Capote, jenes rote Tuch, mit dem der Torero den Stier zu reizen trachtet, schwenkt die Buell ihre Lampenmaske durch die Arena, pardon: Sierra de Guadarrama, und versucht immer wieder, die noch langen Angstnippel wie Banderillas in den griffigen Asphalt zu pieksen. Ab und an trottet neben der Straße eine schwarze Kuh, nur von weitem einem ausgebrochenen Kampfstier ähnelnd.

Zwischenstopp in Rascafria, wo wir mitten hineinplatzen in die Aufwärmphase zum Dorffest und man sich in der Bar Casa Briscas schon entsprechend stärkt. Ein Löffelchen Brei für Paolo, ein Schlückchen Bier für Papa. Bevor es uns wer weiß wohin spült, schnell zahlen und weiter. Lohn des Verzichts: Das Kurvenkarussell nach Miraflores, das besser als ein dreifacher Espresso die Pumpe auf Trab bringt; liebend gerne

schaltest du da gleich zweimal runter und lässt den 1200er bruellen. Archaische Männerspiele.

Leise wiegen sich an der Via Pecuaria, einer als Viehweg genutzten Schotterpiste südlich des Santillana-Stausees, violett blühende Disteln im Wind — bis druckvoll vorbeistaubende Reiseenduros die bunten Köpfchen für einen Moment etwas heftiger nicken lassen. Doch schon nach wenigen Kilometern hat das Vergnügen ein Ende, der Asphalt uns wieder. Überall riecht's jetzt nach Wochenende, kaum eine Ortsdurchfahrt ohne duftende Wolken von Parfum und After Shave. Wie schön — so müssen wir die Sträßchen nach Canencia und über den Pass Puerto Navafria nur mit Familie Kuh oder einer Sippschaft Schafe teilen. In der Provinzhauptstadt Segovia dann eine volle Dröhnung Zivilisation, alte wie junge. Hier ein einzigartiges römisches Aquädukt aus der Zeit von Kaiser Trajan, gut 700 Meter lang und knapp 30 Meter hoch, darunter Lolitas und Aprilias, Lollipop und Minirock.

Leder dominiert anderntags am Motorradtreff Cruz Verde, einer Passhöhe sieben Kilometer

westlich von San Lorenzo de El Escorial. Jede Menge Ninjas und Blades. Angel Nietos Enkel und die Dani Pedrosas von morgen haben bei ihren Trainingsstrecken die beneidenswerte Qual der Wahl. Wir entscheiden uns für die AV 502 nach El Hoyo de Pinares und Cebreros, ab dort dann für die AV 503 Richtung San Bartolome und La Canada. Volltreffer. Nur ein paar Worte zum dekorativen Drumherum: „Brokkoli"-Bäume und Wiesen voller Feldblumen, ausreichend für üppige Sträuße an alle Dulcineas der Welt.

Nicht wie die Geliebte Don Quijotes eine Fiktion, sondern attraktive Realität ist Ávila, eine Schönheit aus und auf Granit in 1128 Metern Höhe. Zwei Erkundungsrunden durch die verwinkelte Altstadt, von einer gewaltigen Mauer umschlossen wie von einem Keuschheitsgürtel, ehe die Motorräder abkühlen können vorm Casa Felipe an der Plaza del Mercado Chico. Wieder ein ideal gelegenes Straßencafé. Bis ein Storch über die Stadtmauer segelt. Nichts wie hinterher, denn gegen süßes Nichtstun ist irgendwann kein Kraut mehr gewachsen.

Meister Adebar weiß genau, wo es lang geht, findet einen reich gedeckten Tisch an der AV-900 Richtung Navalmoral durch die Sierra de Gredos. Ein geniales Gebilde. Am liebsten möchte man da ein reicher Russe sein und die ganze Pracht einfach kaufen, träumt davon, alles vorsichtig abzutragen, zu verschiffen und vielleicht auf einer einsamen Insel nahe der Heimat wieder aufzubauen. Schwacher Trost: Benzin ist in Spanien vergleichsweise billig, und so reicht das Geld zuhause wenigstens noch für einen Satz neuer Fußrasten, nachdem sich die alten irgendwo zwischen Navarredondilla, Burgohondo und Collado de Serranillos dematerialisiert haben. Ebenfalls nicht schlecht: Die Rennleitung glänzt durch Abwesenheit.

Glänzend auch das milde Licht der Abendsonne, das uns von San Esteban del Valle bis Arenas San Pedro begleitet, zusammen mit Myriaden von Insekten, die, sobald man das Visier öffnet, in den Helm strömen wie in eine Reuse. Dank lotsender Hilfe eines Rollerfahrers finden wir die Posada Rural „El Canchal", ein Quartier voll

mittelalterlichen Flairs, und schlendern dann durch die Calle de la Media Luna (Gasse des Halbmondes, welch poetischer Name) mitten hinein ins Saturday Night Fever, in den schier endlosen Strom der Flaneure und Flirtenden.

Verführerisch schlängelt sich das graue Band der N-502 durchs wellige Auf und Ab der Sierra Gredos, lockt betörend — wie in der Odyssee die Sirenen zwischen Skylla und Charybdis — Ulysses und Co. Wer wollte da widerstehen, sich nicht ziellos treiben lassen. Wer zur Orientierung trotzdem „Bojen" braucht, bitteschön: Die Wegmarken heißen Navacepeda, San Martin de la Vega del Alberche, Navadijos. Ein leider letztes Mal begeistert funkensprühend das picobello asphaltierte Gesamtkunstwerk bei Burgohondo; glücklicherweise hat sich noch kein solventer Käufer gefunden und das gute Stück zum Privateigentum erklärt oder gar verschifft.

Madrid. Im Vergleich zu den Sierras ist es der Sturm nach der Ruhe. Doch keine Panik: Zwar ist die spanische Metropole mit 3,3 Millionen Einwohnern hinter London und Berlin die drittgrößte

Hauptstadt in der EU, aber was bedeuten hier schon solche Zahlen? Nada, nichts. So temperamentvoll sie sonst auch sein mögen, im Straßenverkehr geben sich die Madrilenen ganz manierlich. Boxenstopp im Hotel, und per pedes ab zur alten Post an die Plaza de Cibeles.

Der Palacio de Comunicaciones, ein im schnörkeligen Zuckerbäckerstil errichteter Prunkbau, ist Wahrzeichen Madrids und darf bei einer Besichtigungstour nicht fehlen. Besonders abends nicht, wenn vor dem Palast der Kommunikation die halbe Stadt aus dem Häuschen und wieder etwas zu feiern ist. Vis-à-vis der Bühne die Fuente de la Cibeles, ein der Fruchtbarkeitsgöttin Kybele gewidmeter Springbrunnen, in den nach Erfolgen der Kicker von Real gerne mal siegestrunkene Fans hüpfen.

Und sonst? Jede Menge architektonische Pracht, auch die Menschen schön gebaut und zwischendurch eine getunte Harley, standesgemäß laut. Außerdem das Gefühl, mitten im alten Europa zu sein, sich verbunden zu wissen mit Wien, Prag und Rom, wo in solch lauer Som-

Waldstraße bei El Paular

Ginsterteppich bei Navacepeda

Madrid in Feierlaune an der Fuente de la Cibeles

Harleys sonntagnachts in Madrid

v. l.

mernacht die Straßen und Plätze ebenfalls schier bersten vor Lebenslust.

Neben der allgegenwärtigen Polizei fällt eine zweite Gruppe Uniformierter auf: Banker im Business-Look, die mit wehenden Rockschößen ihren Rollern beim Ampelstart die Sporen geben. Womit wir bei den Sehenswürdigkeiten wären, die sich vor der Rückfahrt noch im Schnelldurchgang unterbringen lassen.

Erste Station ist der Parque del Oeste, von dessen südlichem Zipfel aus sich ein guter Blick auf Königspalast und Kathedrale bietet. Darüber hinaus präsentiert sich der Park als nicht nur knutsch- und jogginggeeignetes, sondern auch geschichtsträchtiges Plätzchen. Inmitten der grünen Oase liegt der 2200 Jahre alte Templo de Debod, ein Geschenk der Ägypter als Dank für spanische Hilfe beim Bau des Assuanstaudamms und vom Nil an den Rio Manzanares umgesiedelt. Kann da die Verschiffung eines

Stückchens Sierra utopisch sein? Blutige Realität war der 2. Mai 1808, als Napoleons Truppen den Volksaufstand von Madrid, Protest gegen den Einmarsch der Franzosen, auf den Hügeln des Parks niederschlugen. Und so friedlich sie heute ihre Kinderwagen durchs schattige Grün schieben, die Frauen unübersehbar lateinamerikanischer Abstammung, so sehr erinnern sie an das Plündern und Morden spanischer Konquistadoren im 16. Jahrhundert. Aber ob solches Tun als grausam oder ganz normal gilt, das entscheidet ja oft allein der Zeitgeist.

Unsere Wahl fällt nun — soviel Respekt muss sein — auf den herrschaftlichen Palacio Real, wo die Zeit immerhin für eine Ansichtskarte an die zuhause wartende Königin des Herzens reicht. Anschließend hurtig spurtig eine Ehrenrunde ums Santiago-Bernabéu-Stadion, einst die grün ausgelegte Torfabrik des legendären Alfredo Di Stéfano, der mit Real Madrid fünf Mal in Serie

den Europapokal gewann. Und dann noch, logo, zum Schlachthof für Toro. Okay, das pfeift man hier bestimmt als böses Foul; andererseits wächst aber selbst im Mutterland der Corrida der Widerstand gegen solch tödliche Shows ständig. Wie auch immer, die Stierkampfarena Las Ventas an der Plaza de Toros Monumental ist die größte Spaniens.

Dort wurde übrigens am gestrigen Sonntag José Tomás, als Messias vergötterter Matador, gleich drei Mal vom Bullen schwer erwischt, bevor er den 500-Kilo-Koloss doch noch töten konnte — um sogleich in der Arena selbst unters Messer des Operateurs zu kommen. Fotos des durch die Luft schleudernden Tomás zieren die Titelseiten fast aller Zeitungen am Kiosk der Tanke, wo es für uns jetzt heißt: Pack den stählernen Stier bei den konifizierten Hörnern, treibe ihn wehmütigen Herzens zurück über alle Berge. ■

INFOS

Reisedauer: 4 Tage
Streckenlänge: 900 Kilometer

Streckencharakter: Gut asphaltierte, kurvenreiche und meist verkehrsarme Straßen inmitten einer 250 mal 50 Kilometer messenden Gebirgskette; wer die weite Anreise schafft, meistert auch den (recht zivilen) Stadtverkehr von Madrid.

Besonderheiten: Kultur- und geschichtsträchtig sind der monumentale Klosterkomplex San Lorenzo de El Escorial sowie die Städte Segovia (römisches Aquädukt) und Ávila (Stadt aus Granit). Motorradfahrer treffen sich an der Passhöhe Cruz Verde (bei El Escorial), Restaurantbesucher in Spanien oft erst nach 21 Uhr zum Diner ein. Madrid lohnt als pulsierende Metropole rund um die Uhr.

Übernachten: Eine exklusive Alternative zu den üblichen Quartieren sind die Paradores, luxuriöse Unterkünfte in historischen Mauern.

Anreise: Durch Frankeich bis zu den Pyrenäen und dann am schnellsten entweder auf der südlichen Route via Barcelona und Zaragoza nach Madrid bzw. El Escorial oder nördlich via Donostia San Sebastian und Valladolid.

Adressen:
www.spain.info

LAGO MAGGIORE, VATER-TOCHTER-TOUR

ERLEBNIS-PÄDAGOGIK

Vater-Tochter-Tour mit Guzzi und Vespa über den Gotthard

an den Lago Maggiore. Eine intensive Erfahrung, ganz im Zeichen der

launischen Natur: Wetterkapriolen im Gebirge, dazu typisches Hickhack

im Spannungsfeld zwischen Pubertät und Autorität.

Alte Passstraße über den Gotthard

„**S**ei froh, dass du nichts mit so zickenden, pubertierenden Töchtern zu tun hast, deren Mutter auch noch eine strengere Gangart des Vaters untersagt." Das fängt ja gut an. Ich habe das Vergnügen, meinen Freund und Namenskollegen Klaus sowie dessen 16-jährige Tochter Jana vom Schwarzwald an den Lago Maggiore zu begleiten. Bonndorf — Cannobio, das sind laut Routenplaner 297 Kilometer, zu absolvieren in 3:54 Stunden. Allerdings nur, wenn Jana wie schon so oft zuvor als Sozia bei Papa auf der Guzzi mitfährt.

Das will die junge Dame, die in ein paar Wochen eine Ausbildung zur Hotelfachfrau beginnt, aber nicht. Sondern diesmal mit ihrer knallorange-farbenen 50er Vespa LX, väterliches Weihnachtsgeschenk mit inzwischen rund 3000 Kilometern auf der Uhr, höchstselbst an den Lago rollern. Und zwar über den Sankt-Gotthard-Pass. Lieber würde sie ja in die Türkei, aber dafür sind die Pfingstferien dann doch etwas kurz.

Nun denn, Erziehung ist ein zeitintensives Geschäft, da kommt es auf ein paar Tage mehr nicht an. Außerdem ist das Flüggewerden des Nachwuchses nur zu begrüßen, selbst wenn das die elterlichen Nerven strapaziert, oder? „Mit der Kleidungsfrage lässt sie sich auf nichts ein. ,Wieso denn was fürs Regenwetter? Gefällt mir nicht, zieh ich nicht an.'" Die Mails, die mir Klaus vor Reisebeginn schickt, sprechen Bände. Seine Hoffnung bei all dem: fern vom Alltagsstress bei einer gemeinsamen Tour das nicht ganz störungsfreie Klima zwischen Vater und Tochter zu verbessern.

„Weißt du, wie schwer der Seesack ist? Die Jana beherrscht den Roller doch jetzt schon nicht. Und wenn's regnet, sind die Schuhe pitschnass." Worte einer ums Nesthäkchen besorgten Mutter. Carmen hat zusammen mit ihrer Tochter lange überlegt, was von dem Klamottenberg im Teenagerzimmer mit muss. Und sie veranlasst nun, dass die Gepäckrolle nicht zünftig auf der Vespa verschnallt wird, sondern stattdessen die Höckerbank der V7 Café Classic verhunzt. Was vergessen? Ja, Günther. Also schnell noch das plüschige Nilpferd zwischen den Bügeln des Vespa-Trägers eingeklemmt — autsch! — und endlich los.

Knapp zehn Kilometer hinterm heimischen Gartenzaun beginnt am Grenzübergang Stühlingen die große weite Welt. Wo am Wochenende die Schweizer Heizer einfallen, um im Schwarzwald die Sau und 180 PS rauszulassen, nur müde lächelnd über vergleichsweise milde deutsche Speedtickets, kräht kein Hahn nach Janas längst abgelaufenem Kinderausweis. Auch dass ihr Spaßmobil locker 60 läuft — Kenner der Materie murmeln etwas von „D-Ring statt Ehering" —, bleibt dank zivil säuselndem Viertaktmotörchen völlig unbemerkt. Lustig flattert das weiße Kunstlederjäckchen der Vespa-Pilotin im Fahrtwind, sorgsam wie eine alte Glucke eskortiert der „Adler aus Mandello" sein Kind.

Um sich im dichten Straßennetz nicht zu verheddern, hat Klaus ein Navi an Bord und steuert über möglichst unbefahrene Nebenstrecken. Hier eine Wallfahrtskirche, dort ein Brückenheiliger, ab und an mal — geschwind, geschwind — ein zu überholender Trecker. Das Ballungszentrum Zürich mit dem Flughafen Kloten wird so gut es geht umfahren und dann nach 80 Kilometern — mehr als doppelt so viel wie Janas bisheriger Streckenrekord — Mittagspause gemacht unter den Platanen des Hotels Schiff in Pfäffikon am Ufer des Zürichsees.

Nachdem die Kohlenhydratspeicher mit Gnocchi aufgefüllt sind, kann die nächste Etappe nicht schrecken: 950 Meter hoch ist der Etzelpass, 1406 Meter gar die Ibergeregg. Ein dickes Stück Natur zum Sattsehen, die Schweiz von ihrer Schokoladenseite. Mittendrin im lieblichen Grün der Bergwiesen statt einer trägen Milka-Kuh die abenteuerlustige Wespe. Schotterpassagen und welliger Asphalt bringen die winzigen Rädchen

Klamottenfrage
in der Küche

Auf Schleichwegen
durch die Schweiz

— geschätzter Durchmesser irgendwas zwischen Honigglasdeckel und Käserad — genauso wenig aus dem kreiselnden Gleichgewicht wie ein tückisch glatter, in die Fahrbahn eingelassener Gitterrost, der nur das Vieh am Fortkommen hindert.

Noch 65 Kilometer bis zum Gotthard. Während an der Promenade des Vierwaldstätter Sees in Brunnen hübsche Cafés und ein Pulk geparkter Motorräder gepflegte Rast versprechen, drohen in den Tunnel der Uferstraße die Lastwagen mit ihren druckvollen Luftwellen alles wegzupusten, was ihnen an fliegengewichtigen Vehikeln entgegenkommt. An den bei den Eidgenossen wohl bekanntesten Fall von Gegenverkehr — er kam durch eine hohle Gasse — erinnert das Tell-Denkmal in Altdorf. Zu Füßen des wackeren Wilhelms und seines Sohnes noch etwas Geschichts- und Kartenstudium, bevor es langsam ernst wird. Und kälter.

Für alte Alpenhasen dürfte sie eine gute Bekannte sein, die historische Passstraße über den Gotthard. Ehrensache, den 1980 eröffneten Straßentunnel zu meiden und stattdessen die betagte Kopfsteintrasse mit dem blassroten Mittelstreifen zu wählen. Eine Wahl, die wir heute aber nicht wirklich haben: Der Tunnel

ist Teil des Schweizer Autobahnnetzes und für 50er-Roller gesperrt.

Was jetzt für viel frische Luft sorgt. Als auch noch Schneefelder dazukommen, die im Schatten der Bergflanken selbst Mitte Juni nicht weggetaut sind, ist es endlich soweit: Jana zieht Fleecejacke und dicke Handschuhe an, freiwillig, Vatti darf ihr ganz galant in die warmen Sachen helfen. Waren es mittags an den Seen muckelige 30 Grad Celsius, so sind es oben am 2091 Meter hohen Gotthardpass nur noch deren 14. Wie bei einer Gipfel- oder Polarexpedition reicht ein Handy-Foto zur Erinnerung. Anschließend erlebt die örtliche Murmeltierpopulation ihr orangefarbenes Wunder: Die Tachonadel pendelt um die 65, nur in den kopfsteingepflasterten Serpentinen der alten Tremolastraße geht unser kühnes Küken kurz vom Gas.

Ende Geschlängel in Airolo, erster beziehungsweise letzter Ort an der Südrampe des Gotthards. „Sollen wir weiterfahren oder Zimmer suchen? Du entscheidest." — „Weiter!" Ausführlicher wird die Kommunikation zwischen Vater und Tochter erst in Rodi-Fiesso, wo wir im familiären Hotel Baldi ein günstiges Quartier finden. Dass dort nachts die Güterzüge fast nonstop durch die Zimmer rattern, ist, nüchtern betrachtet, nur ein weiterer Hinweis auf die Bedeutung dieser Nord-Süd-Verbindung über die Alpen —

dass Jana beim Weckanruf am nächsten Morgen um 7:30 Uhr Glätteisen und Bürste vermisst, eine Folge von Mutterns besorgter Umpackaktion vor der Abreise.

„Kennst du das? Die schwarzen Bitumenstreifen sind bei Nässe extrem rutschig", erklärt der Routinier seiner toughen Schutzbefohlenen, während diese nach dem Frühstück in die Regenpelle steigt und sich dabei keineswegs als quengelndes Zuckerpüppchen erweist. „Na und?", steht dann auch wie zufällig auf dem gelben Überzieher, den Klaus vorsorglich mitgenommen hat. Und der schon bald wieder in der Gepäckrolle verschwinden kann, als an einer Tanke in Bellinzona nur noch der Sprit tröpfelt. 7,5 Liter für die 323 Kilometer seit zuhause — da lacht das Sparschwein.

Von der Sonne ganz allgemein und dem Leben ganz besonders verwöhnt ist das Tessin. Kulminationspunkte sind das mondäne Locarno und Ascona am Nordufer des Lago Maggiore. Maseratis gehören zum guten Ton, Guzzisti können sich immerhin am Blubbersound ihres V2 erfreuen.

Spartanischer ging es anno 1985 zu, als Klaus mit seiner Carmen, mit DR 500 und einem Einbogenzelt auf dem Campingplatz von Cannobio urlaubte. Auch heute ist der erste Ort nach der schweizerisch-italienischen Grenze für einen

längeren Stopp gut. Strategisch günstig liegt dort an der Durchgangsstraße das Caffe Centro. Von der Ape bis zur Cobra alles da, ab 15 Uhr auch wieder menschliches Gewusel auf der Piazza — Ende der Siesta.

Als sei eine Konfettikanone nicht zu stoppen gewesen, sind die Städtchen am Lago Maggiore voller Blüten und Pflanzen. Floraler Overkill herrscht in Stresa mit den Hotelpalästen des 19. Jahrhunderts: Vor jedem Fenster Geranien — die müssen Angestellte nur fürs Blumengießen haben. Heute Nachmittag gibt's aber mal frei, weil es wie aus Kübeln zu schütten beginnt. Wie eine Arche Noah liegt das Hotel Milano in Belgirate direkt am See. Da macht es gar nichts, höchstens romantische Gefühle, wenn beim Diner Blitze übers Wasser zucken. Als sich zwischen den Wolkenfetzen schließlich noch der Vollmond die Ehre gibt, möchten wir gar nicht so schnell wieder weg. Weg soll nur der Muskelkater in den Armen von Jana, die nun immerhin rund ein Tausendstel der Strecke bis zum fahlen Erdtrabanten gemeistert hat.

Vermutlich schmalzt er schon seit 60 Jahren aus den Hotel-Lautsprechern. Egal, Frank Sinatras „The lady is a tramp" und „A foggy day" passen nicht schlecht als Einstimmung auf die Rückfahrt. Wer mit italienischen Klassikern wie Guzzi V7 und Vespa unterwegs ist, muss

übrigens damit rechnen, bei jedem Halt Mittelpunkt schwärmerischen Interesses zu werden — und so die Fähre von Verbania nach Laveno glatt zu verpassen.

Letzte Möglichkeit vor der Grenze, stilvoll in Italien etwas Passendes für 16-jährige Füße zu erstehen, ist ein Schuhgeschäft in Luino. Der Laden hat noch zu. Was aber kaum weiter tragisch ist, kann Jana doch bald wieder in ganz anderen Schuhtempeln auf Shoppingtour gehen, weltweit erreichbar, rund um die Uhr. Und immerhin bringt uns das Thema auf einen interessanten Gedanken: Ob es vielleicht die heißen Tipps von Freundinnen und Töchtern der Ingenieure rund um Massimo Tamburini waren, die seinerzeit der Ducati 916 einen Underseat-Auspuff bescherten — und somit beifahrenden Signorinas mit Stilettos weniger Brandblasen?

Auch wenn nicht unbedingt Frostbeulen drohen: Petrus prüft seine Lämmchen hart. Das Radio hat Platzregen angekündigt, und so folgt nach einem letzten Foto mit Vespa-T-Shirt, Lago und Palme das Unvermeidliche, die Überquerung des sich garstig gebenden Gotthards. Geschätzte Sichtweite im gespenstischen Grau: zehn Meter. Aufmerksame Murmeltiere registrieren kaum mehr als das Brummen und Schnurren der Motoren, die wie Rührstäbe durch die zähe Suppe quirlen.

Der „Adler aus Mandello" lotst sein Küken bei Egg

Sicherheitshalber, bevor Kondition und Konzentration irgendwann rapide nachlassen, noch eine Übernachtung im Altdorfer Hotel Höfli, und 140 Kilometer weiter ist nicht nur Günther tropffidel zurück im heimischen Stall. Bleibt die Frage, wie es war. Jana: „Schön und anstrengend. Würde auch nochmal wegfahren, dann aber lieber mit Freunden — und dahin, wo es wärmer ist." Klaus: „Unterm Strich hat es super geklappt, war eine tolle Erfahrung — hoffentlich für uns beide ... Und nun sitzt sie schon wieder vorm Fatzebuk." Carmen: „Jetzt bin ich unbändig stolz auf die Jana." ∎

INFOS

Reisedauer: 3–4 Tage
Streckenlänge: 750 Kilometer

Streckencharakter: Hügelig auf den Nebenstrecken im Schweizer Voralpenland, alpin und serpentinig mit Kopfsteinpassagen auf der alten Gotthardstraße, flach entlang des Seeufers in Italien.

Besonderheiten: Hier ganz klar das Eltern-Kind-Verhältnis. Eine erste längere Motorradtour mit Tochter oder Sohn ist wohl immer etwas Besonderes, ganz egal, ob die Reise vom Schwarzwald über den Gotthard an den Lago Maggiore führt oder Region und Route gänzlich anders sind. Dabei den Nachwuchs nicht überfordern, Rücksicht nehmen, Fahrtipps eher kollegial als oberlehrerhaft geben und lieber mal eine Pause mehr einlegen.

Übernachten: Schweizer Gastlichkeit (und Preisniveau) bietet unterwegs die Nacht in einem eidgenössischen Hotel, reichlich Romantik ein Quartier in Italien direkt am Lago.

Anreise: Zur deutsch-schweizerischen Grenze bei Stühlingen geht's über die A81, Abfahrt Geisenheim; dann via Blumberg zum Abzweig an der B 314.

Adressen: www.schwarzwald-tourismus.info, www.myswitzerland.com, www.enit-italia.de

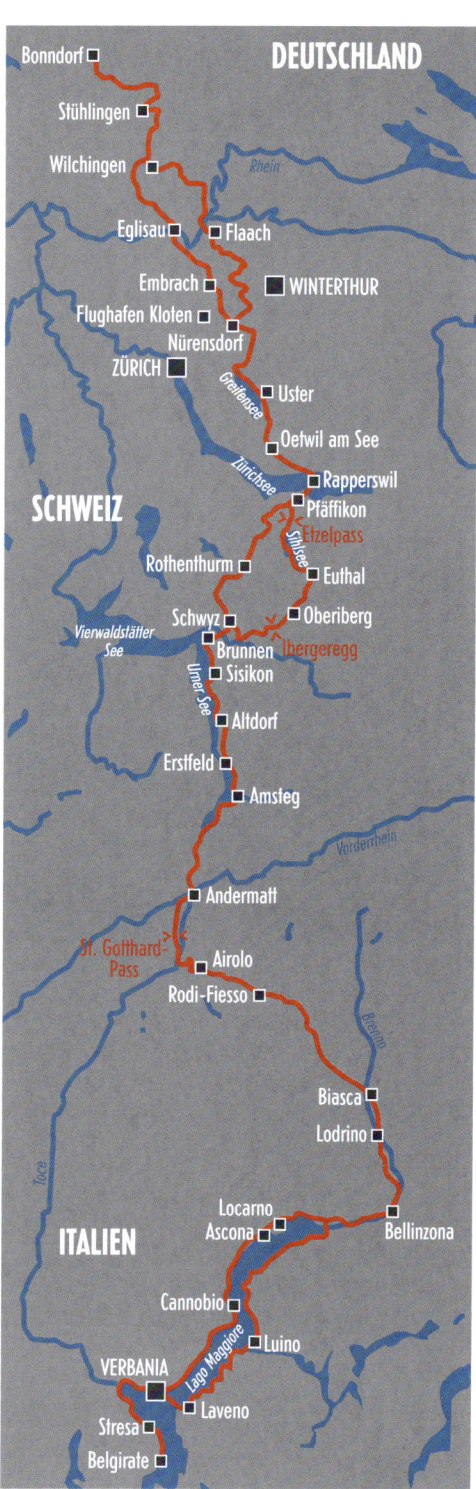

Hoch über dem Lago d'Idro bei Anfo

TERRA INCOGNITA IN ITALIA

Passo del Maniva, Passo del Vivione und Passo di San Marco:

Davon haben selbst alte Alpenhasen noch nie gehört. Und schlackern auf den

Bergsträßchen in den Bergamasker Alpen begeistert mit den Ohren.

D er Berliner ist hin und weg: „Das ist genau meins. Dafür lebe ich — und vermisse es so schmerzlich zu Hause. Vier Wochen könnte ich hier locker bleiben." Nun, wir wollen nicht übertreiben. Mit seiner 12er-Adventure würde sich Stephan in den rund 50 mal 80 Kilometer messenden Bergamasker Alpen vielleicht schon kurz vor Ablauf eines Monats fühlen wie ein Panda in der Kletterhalle. Doch wer weiß. Wer aus Freude am Arbeitsweg zweimal täglich mit dem Wüstenschiff durch die hauptstädtische Rushhour muss, sieht das wohl nicht ganz so eng und freut sich einfach übers bergige Drumherum des Lago d'Iseo wie die Bevölkerung rund um Wannsee und Heiligensee, als Berlin 1989 endlich wurde entmauert. Aber auch Geschichtenschreiber aus

dem Umfeld des Dortmunder Phönixsees geben gerne zu: Die Alpi Orobie, so der italienische Name für das Bergland nordöstlich von Bergamo, erobern dein Herz im Nu.

Kaum ist in Iseo der Einstieg zum Passo Tre Termini und nach Polaveno gefunden, kommt's wie eingangs erwähnt zur ersten emotionalen Eruption des Großenduristen. Doch der Mensch, zumal der norditalienische in der wirtschaftlich starken Lombardei, lebt nicht von Landschaft alleine: In Gardone Val Trompia hat die Firma Beretta ihren Stammsitz; Exportschlager ist die M9, die es bis zur Dienstpistole der US-Armee gebracht hat. Und auch TRW, weltweit agierender Bremsenhersteller aus Michigan, lässt hier produzieren. Was schlussendlich zu einer

„Wasserdurchfahrt" am Passo della Spina

Constantino
auf seiner
Aprilia Climber
280 R

Asphaltwurm
am Passo
della Spina

Lido dei Platani
am Lago d'Iseo

verlockenden Vorstellung führt: „Unten im Trompiatal arbeiten und in der Freizeit Testfahrer für Bremsen — das wär's doch!"

Als Teststrecke gut geeignet ist zum Beispiel das Serpentinengeschlängel von Marcheno nach Lodrino. „Ein ganz ruhiges Sträßchen", hatte uns Beatrice vom regionalen Fremdenverkehrsamt gestern noch vorgeschwärmt, nicht wissend, wozu eine soundoptimierte GS so fähig ist. Und dass es jetzt nicht mehr weit ist zum ebenfalls Gaudi garantierenden Gardasee, muss wohl nicht weiter ausposaunt werden. Wir begnügen uns mit einer Stippvisite zum kleinen Lago d'Idro und inspizieren dann das, was Seeumfahrer automatisch ködert: die auf der Karte grün-weiß eingezeichnete Verbindung von Anfo über den Passo della Spina zum Passo Maniva.

Von 368 bis auf 1682 Meter schneidet sich das schmale Fahrband wie eine verdrillte Angelschnur durchs grüne Hügelmeer. Im Ozean aus Chlorophyllmolekülen fallen die bunten Trikots und die hochroten Köpfe von mal mehr, mal weniger trainierten Mountainbikern natürlich besonders auf. „Solange ich Geld für Sprit habe, kann mir das nicht passieren", macht Stephan einen auf Churchill, frei nach dem Motto „no sports".

Irgendwann wird es sogar der Flora zu anstrengend, der Baumbewuchs spärlicher; stattdessen regiert schroffer Fels mit zackigem Zepter. Vereinzelte Passagen mit leichtem Geröll oder Schotter sowie einige Wasserlöcher, nur Profanisten sprechen da von Pfützen, sind auch mit Straßenmaschinen gut machbar, wie eine Diavel aus Speyer beweist.

Wer früh im Jahr unterwegs ist, hat aber vielleicht mit Schnee zu kämpfen. Oder mit dem inneren Schweinehund. Manchmal stehst du plötzlich und unerwartet vor einer sich hartnäckig dem Tauwetter widersetzenden und folglich gesperrten Strecke (nicht überall wird geräumt), was die so schön ausgetüftelte Tagesplanung zunichte und spontanes Umdisponieren erforderlich macht. Dann wieder kann es ein einzelnes Schneefeld sein, das wie übergekochte Milch die eigentlich schon freie Straße blockiert und gemeistert sein will — fürs Foto, Ehrensache, nicht vorsichtig fußelnd, sondern möglichst lehrbuchmäßig in den Rasten stehend. Nicht nur für Schneekönige ist es dann eine freudige Überraschung, wenn es oben am Maniva im

traditionellen Albergo Dosso Alto ein köstliches Stück Nusskuchen gibt, frisch gebacken von Chefin Rosa und so bombig, dass der Kalorienbedarf bis zum Abend gedeckt ist.

Dass wir heute statt über die gesperrte SS 345 dann via Bagolino und das Valle del Caffaro zum Passo di Croce Domini kreuzen, tut dem Vergnügen keinen Abbruch. Denn es ist wie beim Italiener: Ob diese oder jene Spaghetti-sträßchen von der Karte — lecker satt machen sie alle. Am Croce Domini, beliebter Motorrad-treff und ebenfalls gesegnet mit einladendem Rifugio, bequemt sich nach einer kleinen Siesta auch Signora Sonne wieder auf die himmlische Bühne, powert wie Gianna Nannini in ihren besten Tagen.

Von nun an geht's bergab, zurück zum Lago d'Iseo, egal, ob mit oder ohne Hildegard Knefs Evergreen im Ohr. Bei schon gedimmtem Licht auf der 42, quasi Hauptschlagader der Region, schnellstsraßig durchs Valcamonica und am östlichen Seeufer entlang, als Ab- respektive Aufsacker von Marone hoch nach Zone noch en passant ein Schluck aus der Serpentinenpulle und schließlich in Iseo voll romantisches Cand-le-Light-Dinner mit Wassermusik auf der Terrasse des Lido dei Platani: perfekt. Sogar eine reizende Badenixe leistet uns Gesellschaft, wenn auch nur als nostalgisches Titelbild der Speisekarte. Früher auch Autoquartett gespielt? Acht Zylle, Italien, Stich. Und Italien sticht noch immer.

Besonders, wenn Deutschland im Regen ertrinkt und gleichzeitig am Westufer des Lago d'Iseo die Zypressen in den frühsommerlichen Himmel stechen, allenfalls mal eine leichte Brise zu spüren ist, ausgelöst durch auf der 469 vorbeisausende Quartetts von Radrennfah-rern, deren Beine sich im feinen Zusammen-spiel auf und ab bewegen wie die Pleuel eines Achtzylinders. Stichwort Motoren: Zwei Ma-schinen mit je 350 PS waren gut für eine Spitze von 90 „Stuckis" (Stundenkilometer), und zwar beim Modell Aquarama der Firma Riva, die hier am Lago d'Iseo bis 1989 ihre Edelmotorboote produzierte.

Nur schade, dass es nie einen Bond gab, in dem James ein multitaskingfähiges Riva vom Wasser in die Berge katapultiert hat, durch die Kehren empor nach Parzanica. So bleibt das eierlegende Wollmilchsauen wieder an der

108 | 109

KER ALPEN

Wegekreuz am
Passo di
Croce Domini

Spaghetti mit
Meeresfrüchten
in Riva di Solto

Adventure hängen. Erst Cruisen auf der Uferstraße, dann Cruise-Missile-Modus. Schauen klappt
natürlich von ganz oben auch. Wie ein Kloß in
der Suppe, okay, für 007-Fans wie eine getarn-
te, kolossale Kampfstation des personifizierten
Bösen, sieht sie aus, die Monte Isola, größte be-
wohnte Insel eines europäischen Sees. Zugäng-
lich ist das Eiland nur Menschen mit einem Herz
fürs Wandern oder Radeln, Motouristen müssen
drüben bleiben. Aber was soll's: Lieber Kurven
am See als ein Haus am oder auch im See.

Ein prima Plätzchen, um den Puls herunter-
zufahren, ist das schmucke Riva di Solto.
Schuhsohlenschonender Parkplatz an der Ufer-
promenade, palmenbestandene Piazza, vis-à-vis
die Gelateria Malu'. Rasch ein Eischen auf die
Hand, ein Schwätzchen mit der lokalen Bikerpro-
minenz, die nicht nur GSX-R, sondern auch
BCR fährt, eine zum Café-Racer umoperierte
CB 500 Four — und schon ist mehr als nur ein
Viertelstündchen verflogen.

Was folgt, ist das Beste, was die Bauinge-
nieure am Lago d'Iseo hingebogen haben: Die

Straße nach Castro. Mit grazilerr Anschmieg-
samkeit folgt sie den Windungen des Seeufers,
wirft sich und dich in wildem Wirbel von einer
Schräglage in die nächste. Damit der Berg nicht
mit Steinen schmeißt, sind im letzten Abschnitt der
leider viel zu kurzen Strecke stählerne Netze im
überkragenden Fels verankert. You will love it.

Ciao Lago, hello Passi. Den Auftakt macht der
Passo della Presolana. Mag bei der Anfahrt über
Lovere und Clusone das Spannendste noch ein
rüstiger Porsche 356 sein, hinter dem es sich fast
voyeuristisch spazierenfahren lässt, so wird ab der
Passhöhe der Turbo gezündet und zum Sturm auf
den Passo del Vivione geblasen. Eine Kerze für
den Konstrukteur der 294. Schmal und kurvenreich,
superschön und verkehrsarm ist das Prachtstück,
Trumpfkarte eines jeden Straßenquartetts.

Ein Triumph auch für Stephan, der seine
Zylinderköpfe statt durch den Dschungel der
Hauptstadt hier mal millimetergenau an geparkten
Bäumen und felsbrockigen Böschungen vorbei-
navigieren kann. Mit einer schlanken Dorsoduro
oder Hypermotard durch die Botanik bollern

kann ja schließlich jeder. Beim obligatorischen
Cappuccino im 1828 Meter hoch gelegenen
Rifugio Vivione, auch das wohl nicht zufällig
ein Motorradtreff, die Info, dass hier vor Jahren
eine Etappe des Giro d'Italia entlangführte, was
im Vorfeld für Straßenausbesserungen gesorgt
hat — und sich beim schwungvollen Downhill
verifizieren lässt.

Da selbst den motorradbazillus-infiziertesten
Freak nicht Straßenbelag alleine nährt, landen wir
zu vorgerückter Stunde in Paratico im Ristorante
Stazione. Toplage unter lauschigem Blätterdach direkt am schlauchförmigen Ausfluss des
Sees, selbst um 22:30 Uhr noch Highlife wie am
Ku'damm in Berlin. Apropos Kuh: Das Leben ist
kein Ponyhof, und so sollte, wer auf Rindersteak
steht, im Stazione ruhig mal Entrecote di Cavallo
probieren. Wohlbehalten finden jedenfalls unsere Pferdchen den Weg zurück zum Stall, dem
Hotel Empire Resort in Clusane, wo auf bieraffine
Reiter schon die 0,66er Morettis warten.

Sonntagmorgen, 6:25 Uhr. Irgendwo läutet
es zur ersten Messe, dazu mischt sich ins Konzert

von Singdrossel, Orpheusspötter und Co. zuhörends auch das Orgeln und Trompeten der einheimischen Supersport-Fraktion, die, früher Vogel fängt den leeren Asphaltwurm, den Start nicht verpennen will. Wohl dem Adlerauge, das sich da schon die Nebensträßchen rausgepickt hat. Sarnico, Adrara, Colli San Fermo, Lago di Endine, Cene, Nembro, Selvino, San Pellegrino, Piazza, Foppolo, Piazza, Passo di San Marco, San Giovanni, Serina, Passo di Zambla, Ponte Nossa, Lovere, Riva di Solto, Morettis — soweit unser Roadbook für einen vielversprechenden Junisonntag. 27 Grad, Futter aus der Jacke und Druck aufs Knöpfchen.

Ganz leise unterwegs ist Constantino auf seiner Aprilia Climber 280 R, einer Trialmaschine, mit der er kurz vorm Colli San Fermo plötzlich aus dem Wald sticht, am Lenker eingeklemmt ein frisch gepflückter Blumenstrauß für Ehefrau Elena, die zuhause mit dem drei Tage alten Filippo auf ihren Kavalier wartet. „Hier

würde ich das wahrscheinlich auch noch machen, freiwillig sogar, mit der Enduro in den Wald fahren, um Blümchen zu pflücken für die Frau", gibt sich Stephan generös.

Dem dolce far niente — sprich Bambino durch die frische Luft karren, Würmer mit der Angel baden oder einfach im Gras liegend Sonnenbräune kriegen — gibt man sich gerne am Lago di Endine hin. Und den Gesetzen von Gravitation und Rotation, in möglichst dynamischem Wechsel von links und rechts, beim Tornanti-Trommelwirbel auf der glattgebügelten SP 36 nach Selvino. Schlappe 8000 dreht da die GS, während gut gehende Heizgeräte bei 14.000 den Begrenzer streicheln. Cool Down in San Pellegrino, wo nobles Nass fabriziert und auf die Reise um die halbe Welt geschickt wird. Wem für so einen Trip das Kleingeld fehlt, den kann auch schon ein Besuch des örtlichen Casinos, nach der Renovierung wieder glamourös erstrahlt, in eine fremde Welt entführen.

Strada chiusa heißt es dann zwar am Passo San Marco, aber darum schert sich jetzt niemand mehr. Und dank hellwachen Gleichgewichtssinns, alternativ bei einigen Kollegen Schiebehilfe, wird aus Schneewalzer auch kein Wälzer. Damit aus dem Feierabend- kein Nachtbier wird, geht es vom San Marco aus nicht über den Hauptkamm der Bergamasker Alpen hinunter nach Morbegno und Sondrio, sondern via Passo di Zambla zackig zurück an den Lago d'Iseo. In Riva di Solto, bevor es bald wieder auf die Heimreise in die Currywurst-Metropolen geht, bei Spaghetti mit Meeresfrüchten in der Trattoria Hiltonn das Fazit des Berliners: Tolle drei Tage, schmale Sträßchen, abwechslungsreicher See, alle Pässe für lau, Nervenkitzel bei den Schneedurchfahrten — ein Schlaraffenland für Motorradfahrer. ■

INFOS

Reisedauer: 3 Tage
Streckenlänge: 800 Kilometer

Streckencharakter: Kurvige, anspruchsvolle Bergstraßen, oft schmal und verkehrsarm.

Besonderheiten: Die Region ist als Reiseziel deutlich weniger bekannt und damit auch weniger frequentiert als die Gegend um den östlichen Nachbarn Gardasee. Populärer Motorradtreff ist der Passo di Croce Domini.

Übernachten: Am See oder in den Bergen — das ist die Frage bei der Wahl eines festen Standortes für gepäckfreie Tagesetappen. Ufernahe Quartiere finden sich etwa in Sarnico und Lovere, zünftige Rifugios an den Pässen Maniva, Croce Domini, Vivione sowie San Marco.

Anreise: An den Lago d'Iseo, Dreh- und Angelpunkt dieser Tour, geht es am schnellsten (mautpflichtig) via Gotthard, Mailand und Bergamo; alternativ auch über den Brenner, Verona und Brescia.

Adressen: www.enit-italia.de, www.turismo.bergamo.it, www.iseosee-info.de

AUF WOLKE 16

Das norditalienische Valle d'Aosta mit seinen sechzehn verschwiegenen Seitentälern ist eingerahmt von den Viertausendern rund um Mont Blanc und Matterhorn sowie den Pässen Großer und Kleiner Sankt Bernhard — da bleibt bei Alpenfans, die sich gerne mal abseits der Hauptrouten verlustieren, kein Auge trocken.

Großer Sankt Bernhard

Gran Paradiso
bei Gimillan

Kleiner
Sankt Bernhard

Domenico weiß alles, zumindest einiges mehr als der brave Durchschnittsitaliener. Der 49 Jahre alte Grauschopf ist Inspektor bei der Kripo in Aosta und zugleich Präsi des örtlichen Motorradclubs — also der ideale Informant für die Frage: Welche sind die zehn besten Motorradstrecken rund ums Aostatal? Tatkräftig unterstützt wird Domenico vom Kollegen Fabio, der bei der Spurensicherung arbeitet.

Soweit es ihre Dienstpläne zulassen, werden die beiden Freunde und Helfer mich bei den Ermittlungsarbeiten begleiten. Bestes Indiz, dass dabei der Spaß nicht auf der Strecke bleibt, ist Fabios gepimpte Honda Shadow, vor deren Sound jede Pumpgun kapitulieren müsste. Ach ja: Schon Domenicos erster Tip erweist sich als Volltreffer, das familiäre Hotel Monte Emilius (in Aosta Richtung Skigebiet Pila) ist günstiges Basislager für die Tour. Mille grazie oder auch merci beaucoup.

Das Valle d'Aosta ist die kleinste Region Italiens und genießt autonomen Sonderstatus. Es gehörte einst zum Königreich Savoyen, zweite offizielle Amtssprache ist infolgedessen noch heute Französisch. Seit der Antike kreuzen sich hier wichtige Verkehrswege der Westalpen, woran römisches Amphitheater und Augustusbogen in Aosta erinnern.

Attraktiver als das Zentraltal, durch das neben der Dora Baltea auch die Lastwagen vom und zum Mont-Blanc-Tunnel rauschen, sind die vielen durch Gletscher und Wildbäche entstandenen Seitentäler. Was nicht unbedingt reizvoll scheint ("immer nur Sackgassen statt Pässekarussell"), garantiert unverwässertes Vergnügen. Kein Durchgangsverkehr stört das Tête-à-Tête mit der grandiosen Natur, oftmals schmale Stichstraßen führen immer wieder auf Augenhöhe mit Bergen und Wolken.

Wie frisch gefallener Schnee sieht er aus, der duftige Milchschaum auf dem Cappuccino in Cogne. Die meisten Gäste der rustikalen Hostellerie d'l'Atelier bestellen schon mittags Karaffen mit Rotwein, doch die XJR 1300 ist ein starkes Argument, nicht wegen Fahruntüchtigkeit des Personals vorzeitig den Anker zu werfen. Korkenziehermäßig schraubt sich die Straße vom Bergbaustädtchen Cogne weiter hoch nach Gimillan. Verwitterte Schieferdächer, grob verputzte Natursteinfassaden, üppige Blumenkübel

und über allem ein offener Glockenturm, in dem Django auf Besuch warten könnte — was für ein Idyll. Der Saloon, er heißt hier Petit Giles Bar, hat leider geschlossen, und so geht's gleich weiter, soweit die Reifen tragen.

Oberhalb von Gimillan ist auf Wanderpfaden für den fetten Vierzylinder Endstation. Immerhin das Auge kann in die Ferne schweifen, bis zu den majestätischen, wie von weißen Hermelinkragen geschmückten Gipfeln im Nationalpark Gran Paradiso. Nomen est omen, ein paradiesisches Fleckchen Erde, wie geschaffen, es mit deiner Eva jenseits asphaltierter Wege zu erkunden. Zustimmend grummelnd schiebt die Yamaha wieder bergab.

Neben dem Val di Cogne, Platz 6 auf Domenicos Top-Ten-Liste, stoßen noch drei weitere Täler wie die verbogenen Zinken einer Heugabel tief hinein in die unberührte Berglandschaft um Italiens einzigen Viertausender, den Gran Paradiso. Die unterschiedlichen Charaktere von Val Savarenche, Val di Rhêmes und Val Grisenche (gemeinsam auf Platz 10) zu beschreiben, würde den Rahmen sprengen, deshalb hier nur so viel: Kurven gibt es reichlich, wenn auch selten als spektakulär verschlungenes Knäuel — womit sie etwas hüftsteifen Boliden geradezu auf den Leib geschrieben sind. Als schließlich das überraschend anmutige Val Grisenche vom stetig schwärzer werdenden Gewand der Nacht verhüllt wird, der Scheinwerferkegel orientierungslos durch Höhennebel geistert und dabei nicht einmal den Lac de Beauregard trifft, wird's Zeit, zurück an den gedeckten Tisch im Monte Emilius zu eilen, wo schon Primi und Secondi Piatti warten.

Ob's an den despektierlichen Gedanken zum öden italienischen Fernsehprogramm liegt? Jedenfalls wird am nächsten Vormittag der Ausflug ins Valpelline (Platz 9) zu einem recht feuchten Vergnügen. Wälder, Wiesen, Dörfer, Felsen — alles verschwimmt hinter einem gigantischen Wasservorhang. H_2O in seiner schönsten Form dagegen gibt es am Ende der Straße, wo der Stausee Place Moulin — eine der größten Talsperren Europas! — ins Tal gebettet liegt, als hätte jemand eine türkisfarbene Brosche verloren. Nach nur 94 Kilometern parkt das Motorrad wieder im Heimathafen, wann hat es das je gegeben? Und wann bereits zum

Großer Sankt Bernhard

Mittagessen einen halben Liter Rotwein? Picobello das Wetter 20 Stunden später; also gleich los, grobe Richtung: Mont Blanc.

Wie am Mittelrhein zwischen Koblenz und Bingen jagt im Valle d'Aosta eine alte Burg die nächste. Sie wurden meist dicht an dicht auf Schussweite erbaut und haben es sicher nicht verdient, statt besichtigt nur en passant als Fotokulisse genutzt zu werden. Bard, Verrès, Issogne, Ussel, Fénis, Sarre, Introd — scusa! Aber holla dafür auf dem Bergsträßchen von St. Pierre nach St. Nicolas. Neun Kilometer appetitlich hergerichteter Asphalt (Platz 5), dazu Apfelplantagen und die höchsten Weinlagen Italiens.

Pfützchen auf der Zunge verspricht auch das mit einem Michelin-Stern geadelte Café Quinson im mittelalterlichen Morgex. Alternativ besorgen sich eilige Gourmets im gegenüberliegenden Alimentari ein paar Sandwiches, dick belegt mit Prosciutto di Bosses sowie würzigem Toma- oder Fontina-Käse. Die richtige Stärkung für die Nummern 2 und 4 auf Domenicos Liste, denn die animieren jetzt zum herzhaften Höhenmetersammeln.

Ab Morgex steigt die Straße gut 1000 Meter zum Colle San Carlo (Platz 2) an, stürzt sich von dort 500 Meter hinab in den Wintersportort La Thuile, um dann nochmal 750 Meter bis zur Passhöhe am Kleinen Sankt Bernhard (2188 Meter, Platz 4) zu machen. Eher horizontal die Bewegungen wandernder Wolken über der phänomenalen Phalanx der Berge.

So verführerisch es ist, vom Kleinen Sankt Bernhard nach Frankreich zur Route des Grandes Alpes durchzustarten, so pflichtbewusst geht's zurück ins Valle d'Aosta — auch das ein kurvenreicher Genuss — und vorbei am noblen Courmayeur direkt aufs vergletscherte Mont-Blanc-Massiv zu. Wie ein gestrandeter Moby Dick versperrt der Koloss das Talende, lässt lediglich die Wahl, sich vom Schlund des Mont-Blanc-Tunnels verschlucken zu lassen — oder im letzten Moment das Ruder herumzuwerfen, rechts ins Val Ferret oder links ins Val Veny abzuschwenken.

Auch wenn die beiden Hübschen es nicht in die Top Ten geschafft haben, sind sie eine Stippvisite wert. Wie ein Kutter, der an einem Eisberg, oder eben einem Pottwal, entlangschippert, gleitet die Yami durchs Tal. Fast möchte man den felsigen Wänden die schroffe Haut streicheln.

Dass zu enger Kontakt tödlich sein kann, bezeugt eine Straßensperre im Val Veny: Steinschlag, Lebensgefahr. Der Enttäuschung ob der untersagten Weiterfahrt folgt die pure Begeisterung: Wow, die gezackten Gipfel leuchten im letzten Sonnenlicht, ständig erfindet sich die Natur neu, malen die Wolken in rascher Folge immer wieder andere Bilder an den Himmel. Wie mag es da wohl in den Schluchten der Tiefsee aussehen?

Unangefochten auf Platz 1 der Liste liegt der Col di Joux, die Passstraße zwischen Saint Vincent und Brusson. Fußrasten wissen, warum. Wer eher der Entschleunigung huldigt, fahre von Brusson durchs Val d'Ayas bis nach St. Jacques, wo am Ende der Straße ein munter durch den Wald gurgelnder Gebirgsbach zur meditativen Betrachtung bittet.

Ähnlich entspannend das benachbarte Gressoneytal (Platz 8), Enklave der deutschsprachigen Walser und mit dem Castello Savoya sowie dem Alpenfaunamuseum in St. Jean die Gelegenheit bietend, sich kulturbeflissen mal die Füße zu vertreten. Vielleicht bucht man dabei auch gleich den nächsten Skiurlaub, denn die Reviere hier am Monte Rosa zählen zu den schönsten der Region. Wegen der aktuellen Wetterverhältnisse in Breuil-Cervinia jedoch keine Spur vom Matterhorn, eigentlich der krönende Abschluss des Valtournenche-Tals (Platz 7). Beim belebenden Heißgetränk in der Bar Breithorn stellt sich deshalb nur die Frage, ob Wolken eigentlich auch Drehmoment haben und wenn ja, wie viel.

Wer schön mitgezählt hat, weiß: Von Domenicos zehn Lieblingsstrecken fehlt noch die Nummer 3. Und das kann nur der Große Sankt Bernhard sein. Tunnel sei Dank, biegt bei St. Rhémy-en-Bosses der Schwerlastverkehr ab, sodass sich fortan im Rückspiegel allenfalls mal ein Testarossa breit macht. Während auf italienischer Seite die serpentinengespickte Straße einen nigelnagelneuen Belag hat, ist sie jenseits der Grenze in der piekfeinen Schweiz dann runzelig wie die Haut einer Urgroßmutter.

Letzter Tag. Wie jeden Morgen sprotzelt hintern Tresen die chromblitzende La Spaziale, produziert in dampfendem Schöpfungsakt koffeinhaltiges Lebenselixier. Die große Liebe von Otello, mit 78 Lenzen Zweitältester im

Kleiner Sankt Bernhard

Großer Sankt Bernhard

Otello de Biasi am
Arco di Augusto in Aosta

Gimillan

(im Uhrzeigersinn)

hiesigen Motoclub delle Alpi, stammt aus Bayern. Die BMW K 100 LT, ein champagnerfarbenes Schmuckstück von 1987 mit rund 200.000 Kilometern auf der eckigen Uhr, besitzt dank kunstvoll gepinselter Berglandschaften auf den Kofferdeckeln sowie einer umfangreichen Sammlung von Fotos und Musikcassetten im Topcase eine höchst individuelle Note. Fotosession mit Senioren am Arco di Augusto von Aosta, dem römischen Triumphbogen aus dem Jahre 25 vor Christus, und dann „Ciao Otello, Fabio und Domenico", um auf einem kleinen Sonntagsausflug die Sammlung von Berglandschaften zu komplettieren.

Erst in rasantem Rutsch auf der SS 26 durchs Aostatal bis nach Pont-Saint-Martin und dort ein paar Kugeln Eis. Um nicht als Kulturbanause

gesteinigt zu werden, noch eine Ehrenrunde ums Wahrzeichen des Städtchens, die alte Römerbrücke über die Lys, danach dann auf zum Finale Grande.

Das Val Champorcher hat das Zeug zum Champion der Herzen. Es fängt mit ein paar saftigen Kehren an und endet tausend Meter höher und fünfzehn Kilometer weiter bei der Bataille de Reines. Was aus der Ferne wie eine Rangelei zwischen Stieren aussieht, ist der traditionelle Kampf der Königinnen. Die „Milchmädchen", die von März bis Oktober in vielen Orten der Region gegeneinander antreten und dabei sogar aufs Fell gesprühte Startnummern tragen, müssen zwar zum Schubsen etwas getrieben werden, doch das tut dem Vergnügen keinen Abbruch

Auch ohne Kuhkampf gehst du in Champorcher aber nicht leer aus. Am Ortsende liegt, vis-à-vis

eines rauschenden Wildbaches, die Bar del Ponte. Zum Cappuccino gibt's einen Schokopulverstreuer, sodass man sich ganz nach persönlichem Geschmack die Tüpfelchen auf dem köstlichen Milchschaum selber gestalten kann — wie die Tage im Valle d'Aosta. Wie sagte Domenico dazu so treffend: Jeder findet hier etwas anderes schön. Ihm gefiel übrigens meine Hausstrecke vom Monte Emilius hoch nach Pila nicht so dolle, denn da gebe es kaum was zu gucken außer Serpentinen. ∎

INFOS

Reisedauer: 6 Tage
Streckenlänge: 1300 Kilometer

Streckencharakter: Kurvige Bergstraßen, abgesehen vom Großen und Kleinen Sankt Bernhard mit wenig Verkehr, da „Sackgassen".

Besonderheiten: Top Ten (subjektiv) der sechzehn Bergstrecken: 1. Col di Joux, 2. Colle San Carlo, 3. Großer Sankt Bernhard, 4. Kleiner Sankt Bernhard, 5. St. Pierre — St. Nicolas, 6. Val di Cogne, 7. Valtournenche, 8. Val di Gressoney, 9. Valpelline, 10. Val Savarenche, Val di Rhêmes und Val Grisenche. Dazu außer Konkurrenz: 11. Val Ferret und Val Veny, 12. Colle San Pantaleone, 13. Val Champorcher, 14. Charvensod — Pila.

Übernachten: Auch hier empfiehlt sich für gepäckfreie Tagesetappen ein zentrales Quartier; die größte Auswahl, inklusive Angeboten fürs gesellige Après-Moto, bietet Aosta.

Anreise: Durch die Schweiz (Autobahnen mautpflichtig) bis Martigny, weiter über den Großen Sankt Bernhard bis Aosta.

Adressen:
www.enit-italia.de, www.regione.vda.it/turismo

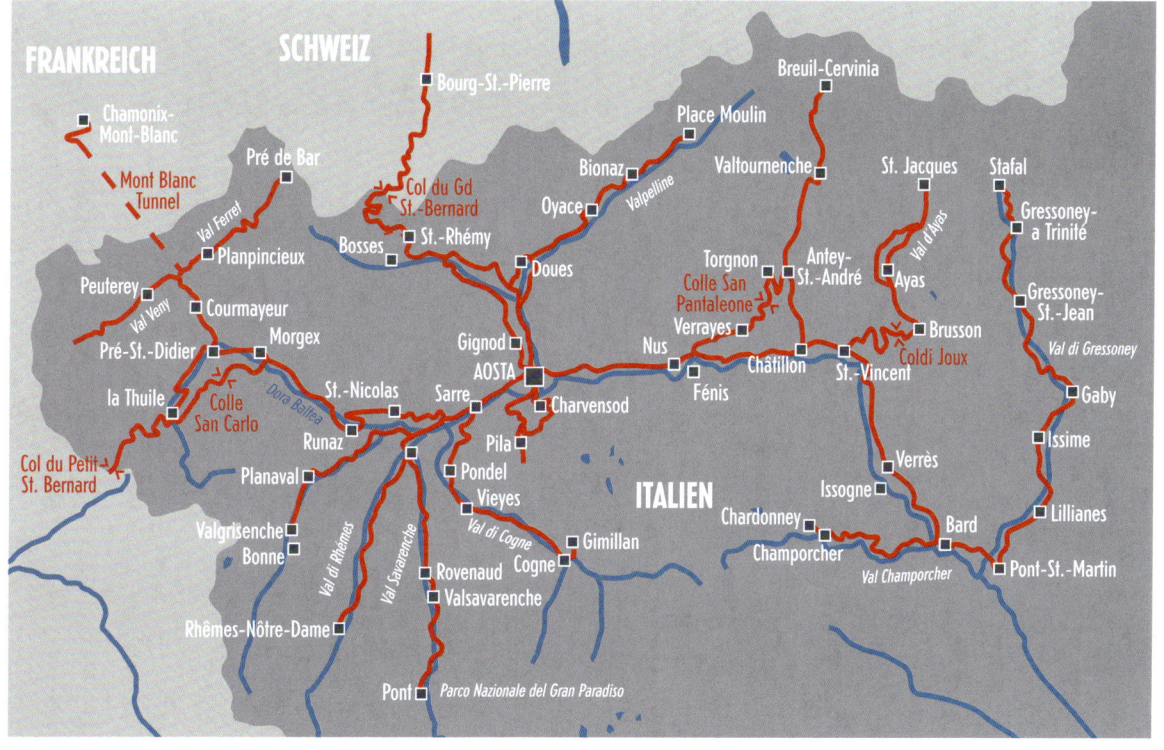

SÜDTIROL

|||||||||||||||||||||||||||||||||||||||||||||||||||||||||||||||||||||||||||||||||||||||||||||||||||||||||||||||||||||||||||||||||||||||||||||||||||||||||||||||||||||||

ZUM ZUNGE-SCHNALZEN

Saftige Alpenpässe und liebliche Seitentäler, mildes Klima und Deutsch noch oft als Muttersprache — da fühlt man sich doch ganz schnell wohl im italienischen Südtirol.

Stilfser Joch

9, 8, 7, 6 ... 29, 30, 31 ... Hier die durchnummerierten Kehren des Stilfser Jochs, dort die Drehzahlmesserbalken von Hondas Crosstourer. Fahren nach Zahlen auf höchstem Niveau. In 48 Serpentinen schraubt sich die Königin der Passstraßen auf ihrer Ostrampe empor zum Joch. Eine echte Herausforderung für die schwere 1200er, die in den engen Kehren nicht unbedingt der Champ ist, aber auf den Zwischengeraden punktet und bis zu 36 Balken — entspricht etwa 9000 Touren — zucken lässt wie Vitali Klitschko einen Jab mit der linken Führhand.

Wie sich die Strophen meines „Stilfser-Songs" wohl von ganz oben anhören, von der 2757 Meter hohen Passhöhe? Dort wartet bereits seit einer Weile Kumpel Klaus auf mich. Angereist ist er mit einer KTM 690 Duke, zusammen wollen wir Südtirol unter die so unterschiedlichen Kräder nehmen. Während sich diese beschnuppern, bezieht das Fahrpersonal sein reserviertes Zimmer in der Tibet Hütte. Der etwas abseits des Gipfelplateaus gelegene Gasthof ist das ideale Quartier, um nach oder vor der täglichen Invasion am „höchsten Rummelplatz Europas" den Achterbahn-Thrill auf der dritthöchsten asphaltierten Straße der Alpen möglichst ungestört zu goutieren. Der Mensch ist eben Egoist, auch wenn er dafür notgedrungen manchmal Frühaufsteher ist.

Wie die Goldmedaille von Olympiasieger Usain Bolt strahlt die Sonne, als sie kurz nach sechs hinter den Spitzen des Ortler-Massivs

Wasserfall am Timmelsjoch

auftaucht und das ganze Firmament in Flammen setzt. Da brennen wir gerne mit und also noch vorm Frühstück eine kleine Trainingseinheit aufs serpentinige Parkett. Was dazu führt, dass Klaus immer wieder mal diabolisch zu mir herübergrinst wie einst Lance Armstrong zu Jan Ulrich. Denn während Moby Dick die Kehren meist etwas weiter nimmt, sticht der orangefarbene Schwertträger gerne innen durch. Keine zwei Stunden später schnecken die ersten Wohnmobile bergan, gut zu beobachten beim Kaffee auf der Panoramaterrasse der Tibet Hütte.

Alles Gepäck an Bord und via Prad hinab ins Tal der Etsch. Dort, als hätten sich die Lichtlein der Milchstraße nach einer Metamorphose just hier kolonisiert, zähflüssiger Verkehr auf der SS38 Richtung Meran. Was nutzt es, fünf Autos am Stück zu überholen, wenn du weitere 4995 vor dir hast? Da hilft nur Blinker rechts und ab ins Martelltal. Eine andere Welt. Erdbeerduft statt Dieselqualm, dazu zwischen rotgetupften Feldern wieder Serpentini und Tornanti, sodass auch die Traktionskontrolle des Crosstourers mitspielen darf und die Kontrollleuchte lustig blinkt.

Schön schmal schlenkert das Sträßchen um schroffen Fels, schmiegt sich an die türkisfarben schimmernde, feuchte Haut des Zufritt-Stausees. Der heißt übrigens auf Italienisch Lago di Gioveretto, womit wir rein zufällig beim Thema Sprache und Geschichte wären. Da dieses Kapitel aber deutlich umfangreicher und komplexer ist als, sagen wir mal, das Handbuch einer mit allen elektronischen Assistenzsystemen gespickten Ducati Multistrada, hier nur so viel: Südtirol, auf Italienisch Alto Adige, wurde nach dem Ersten Weltkrieg vom österreichischen Tirol abgespalten und zur nördlichsten Provinz Italiens. Die erhielt 1972 Autonomiestatus mit Deutsch und Italienisch als gleichberechtigten Amtssprachen; daneben gibt es als Dialekt auch noch Ladinisch. Wer tiefer in die topographisch-geologischen Geheimnisse des Martelltals vordringen möchte, kehre nicht am Ende der Straße beim Wanderparkplatz um, sondern stiefele weiter gen Butzenspitze und vergletschertem Monte Cevedale.

Zurück, marsch marsch, und von der SS38 gleich ab ins nächste Seitental, das Schnalstal. Auch ohne Ötzi, der hier 5300 Jahre unterm

ewigen Eis geruht und nun eine neue Bleibe im Südtiroler Archäologiemuseum in Bozen gefunden hat, ist das ein lohnender Abstecher. Ob hoch nach Katharinaberg, wo auf felsigem Plateau ein spitzer Kirchturm wie der Zeigefinger Gottes in den Himmel sticht, ob nochmals abzweigend ins Pfossental, wo der Gasthof Jägerrast süße Erdbeerroulade auftischt, ob durch die langgezogenen Kurven am Vernagt-Stausee, wo plötzlich Rehe die Straße kreuzen, um in ihren waldeigenen Swimmingpool zu springen: „Am besten schreibst du da gar nix von, damit das alles so schön ruhig bleibt." Meint einer der zwei Kläuse. Der andere denkt: Mit Schnalser Speck fängt man Mäuse. Mit'm Timmelsjoch jelingt dit ooch — würde wohl der Berliner ergänzen. Und nur müde lächeln über den mediterran angehauchten Mini-Moloch Meran, den stadtflüchtige Biker natürlich möglichst schnell umfahren, sodass als Impression bloß die Restaurantreklame „Würstl Hans" im Gedächtnis bleibt.

Immer den Schildern zum Passeiertal und zum Timmelsjoch nach. Der 2.491 Meter hohe Pass ist im Sommer offiziell von 7 bis 20 Uhr geöffnet

und bietet sich als willkommenes Betthupferl an. Ein wärmendes Lager findet sich, wieder retour bis nach Moos, im Gasthof Hochfirst. Hoch die Pinnchen, wahlweise gefüllt mit herbem Enzian oder milder Johannisbeere, und dem gepflegten Schnarchkonzert steht nichts mehr im Wege.

Bis zum Wecken durch die Fraktion der Früh-trompeter, angeführt von einer bassigen HP2 und einer heiser röchelnden Speed Triple, die zum Gipfelsturm blasen. Damit lassen wir uns heute etwas Zeit, pflegen vorerst die Konversati-on mit Frau Wirtin. Alberta Pöhl ist „da hinter den Bergen in Pfelders" aufgewachsen, als Mädchen Helferin auf dem Bauernhof gewesen und macht ihre Arbeit im Gasthof „schon immer". Sie klagt über die aktuellen Krisen und das neu-erdings reformierte italienische Steuersystem — jede Veränderung bedeute ein Riesenproblem. Nicht ganz so schwierig ist für uns die Umstellung beim Moppedwechsel, als Crosstourer und Duke heute mal die Piloten tauschen.

Federleicht fetzt die 690er voran, als wolle sie das Credo vom „Weniger ist mehr" in den sich kringelnden Asphalt meißeln. Nochmal hoch

zum Timmelsjoch, von wo es, ab hier mautpflichtig, grenzüberschreitend hinabgeht ins österreichische Sölden. Och, nö. Dann lieber sofort zum nächsten Südtiroler Spaß, dem Jaufenpass. Beim Anstieg fließt in Höhe der Streusiedlung Walten der Schweiß in Strömen. Nicht nur bei Radlern, Body-building für Gesäß und Waden treibend. Vater Pixner plagt sich mit seinen drei Söhnen bei der Mahd. Ein halber Hektar Wiese am brutal buck-ligen Steilhang — „da bist du nach zwei Stunden mit dem Motormäher vor lauter Lärm und Hitze platt." Irgendwann droht da, falls der Nachwuchs nicht mitzieht, das Zuwachsen ganzer Täler.

Ach, wenn ich mir als Flachlandtiroler auch noch die Berge dazu kaufen könnte: Die Kati wäre meine. Und wer schenkt uns mehr Zeit? Zum Beispiel fürs hübsche mittelalterliche Sterzing, oft schwärmerisch verglichen mit Rothenburg ob der Tauber und San Gimignano in der Toskana. Oder für die Seitentäler, die zwar als Sackgassen enden, durch die dafür aber statt Durchgangs-verkehr viel Stille strömt.

Es sei denn, der Himmel öffnet die Schleu-sen. Wie unlängst im Pfitschtal geschehen, als

Starkregen eine gewaltige Überschwemmung verursachte und ganze Häuser fortriss. „Das hat gehagelt wie seit 70 Jahren nicht", erinnert sich die Seniorchefin vom Gasthof Stein, wo wir auf sonnenbeschienener Terrasse das Drama kaum glauben könnten, würden in Schlammlawinen wühlende Bagger es nicht bezeugen. Ein ehe-maliges Militärsträßchen schraubt sich ab Stein weiter hoch zum Pfitscher Joch, was auf leichtem Gerät sicher stressfreier gelingt als mit kolossalen Pseudo-Enduros. Zumal nach der vierten Kehre wegen Streckensperrung auch noch Buße als Kollateralschaden droht.

Flüssig zu fahren ist dann das 2211 Meter hohe Penser Joch, nicht nur landschaftlich attrak-tive Alternative zur oft überlasteten Verbindung Sterzing—Bozen durchs Eisacktal. Zum Einstieg eine Engstelle, die Straße in die Zange nehmend wie ein riesiger Schraubstock; dazu oben auf der felsigen „Backe" ein Kreuz. Wie aus heite-rem Himmel die Erleuchtung: Da bin ich schon mal gewesen. So etwas dürfte kennen, wer seit Jahren durch die Alpen kurvt, beim Memorie-ren der vielen Pässe und Serpentinen aber ins

Zufritt-Stausee

Vater Pixner mit Söhnen

Serpentinen bei Niederwangen

Trike am Staller Sattel

v. l.

Abends am Timmelsjoch

Sonnenaufgang
über der Ortlergruppe

Grödnerjoch

Schleudern gerät, sodass nur besonders markante Stellen als Triggerpunkt taugen.

Unvergesslich auch das Sträßchen, das südlich von Sarnthein nach links Richtung Niederwangen und Ritten abzweigt. Enge Kurven zum Niederknien, 16 Prozent Steigung als Einladung zum Am-Kabel-Ziehen. 690er und 1200er bolzen bergan, Bozen bleibt ausgebootet im Talbecken liegen. Und in Oberinn bist du endgültig weg und hin. Wie die Truppen Saurons mit ihren furchteinflößenden Mûmakils, die in „Herr der Ringe" zum Sturm auf Gondors Hauptstadt Minas Tirith antreten, baut sich hinter lieblich grünen Hügeln die gewaltige Reihe zackiger Dolomitengipfel auf. Die Duke kann es kaum erwarten, hangelt sich über Klobenstein und Barbiano hinab ins Eisacktal und eilt, nach kurzem Intermezzo auf der SS12 bis Klausen, durchs Villnösstal empor zum Würzjoch. Dort finden wir Quartier

im Almgasthof Ütia de Börz, direkt unterhalb vom mächtig prominenten Peitlerkofel.

Schemenhaft schält sich anderntags der Berg aus dem Morgennebel und bittet passionierte Wanderer zur Audienz. Nun, wir sind heute bereits verabredet: Klaus kann wieder die Königin der kleinen Passstraßen zum Tanz bitten, ich das saubequeme Schlachtross satteln. Eine Aufwärmrunde durchs leere Lüsner Tal, wo Zirbelkiefern und Holzbrücklein noch die Akzente setzen, dann das volle Dolo-Programm: Grödnerjoch, Sellajoch, Pordoijoch. Dass du auf der Sellarunde an einem herrlichen Sonntag im August nicht alleine jodelst, dürfte sich dabei von selbst verstehen.

Der Ausstieg aus der „Südtiroler TT" gelingt mit dem Abzweig zum Passo di Falzarego und Passo di Valparola. Und wer den Furkelpass nicht vergisst, hat bei „Pass, Land, Fluss" eine gewinnversprechende Alternative zum Furka. Dahinter

übernehmen wieder „normale" Berge ohne Zacken das Zepter. Zeit für die Zimmersuche. Nichts zu machen im Antholzer Tal, bis, da ist es schon zappenduster, ein telefonischer Rundruf der hifsbereiten Wirtin vom Hotel Bad Salomonsbrunn statt „unter der Brücke" doch noch Bett und Bier beschert.

Auf Wiedersehen Südtirol, arrivederci Alto Adige. Ein einspuriges Sträßchen sticht haarnadelig durch grünen Tann hoch zum Staller Sattel, der Grenze zu Österreich. Wegen der Enge der Strecke, die überdies gern von kecken Jungkühen blockiert wird, ist die Passage zeitlich streng reglementiert: Aufwärts geht's von der 30. bis zur 45. Minute einer jeden Stunde, in Gegenrichtung von der 1. bis 15. Minute. Wie beim Start zum MotoGP wartet das Feld der Fahrer hochkonzentriert aufs Umspringen der roten Ampel. 3, 2, 1 … ∎

INFOS

Reisedauer: 3 Tage
Streckenlänge: 800 Kilometer

Streckencharakter: Stifser Joch und Timmelsjoch sind gespickt mit Serpentinen und nicht nur bei einspurigen Gipfelstürmern überaus beliebt. Da wird's schon mal eng. Weniger extrem, dafür deutlich verkehrsärmer die Seitentäler.

Besonderheiten: Gerade die Sellarunde ist als Pässekarussell sicher kein Geheimtipp mehr. Darüber hinaus sind die Dolomiten aber auch ein Wanderparadies par excellence. Und wer sich nicht nur fürs Land, sondern ebenso für die Leute interessiert: Italien spricht hier deutsch.

Übernachten: Exponierte Quartiere hoch oben auf dem Berg (z. B. am Stilfser Joch) oder auch direkt zu seinen Füßen (z. B. am Peitlerkofel) sind immer ein Erlebnis — während der Hauptsaison natürlich ein besonders begehrtes. Also rechtzeitig reservieren oder flexibel sein.

Anreise: Je nach individuellem Startpunkt kommt man von Westen über den Reschenpass, von Osten durch den Felbertauerntunnel und dazwischen über das Timmelsjoch oder den Brenner ins Zielgebiet.

Adressen: www.enit-italia.de, www.suedtirol.info

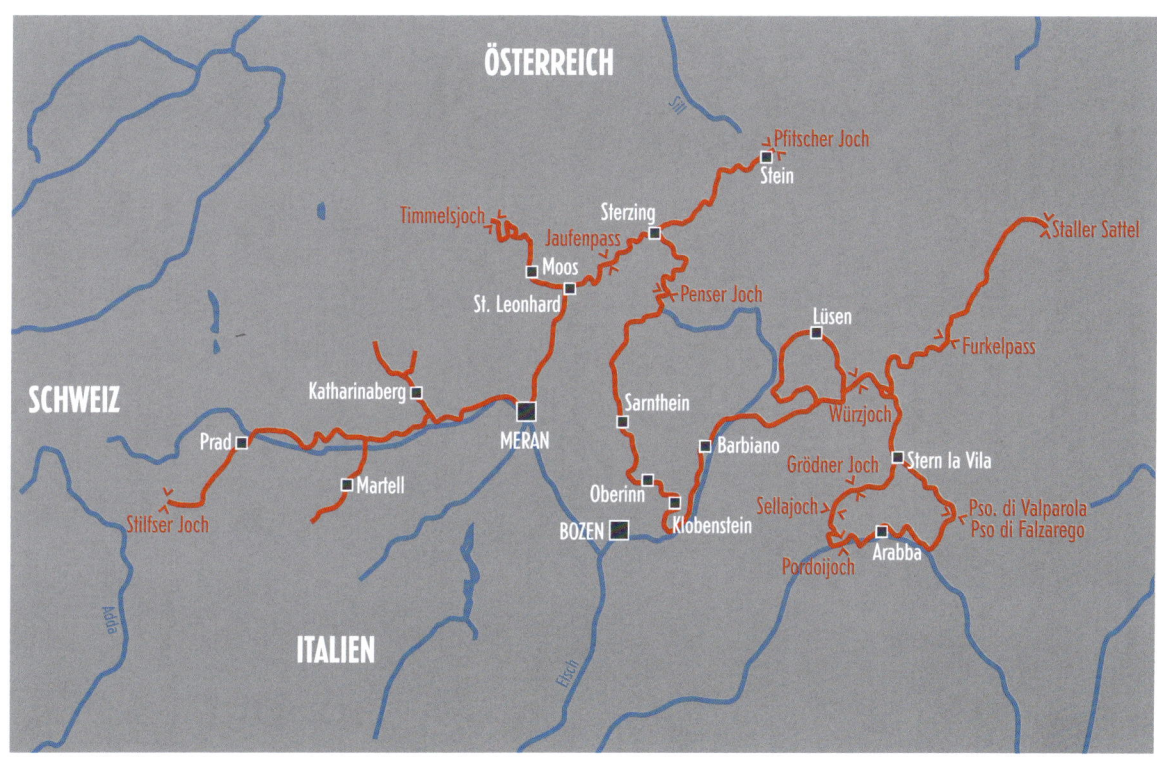

WO SCHNEE UND ZEITEN SCHMELZEN

Auch wenn die Schweiz nicht gerade ein Eldorado für Speedfreaks ist, gibt es sie dort doch: Bergrennstrecken, auf denen richtig Gas gegeben werden darf. Manchmal. Das vielleicht Schönste an diesen kurvigen Strecken aber sind, immer, die imposanten Naturkulissen — besonders zu goutieren an all den Nichtrenntagen im Jahr.

Albulapass

21./22. SEPTEMBER 20

BE

„**D**ie Beule in der Motorhaube stammt von einer Kuh, die sich einfach mal auf unser Winterauto gesetzt hat", sagt Peter Brunner lachend beim Blick auf den leicht lädierten Suzuki Baleno 4WD. Volltreffer. Das zerknautschte Blech, das da vor einem Berghof inmitten der lieblich grünen Hügel des Appenzellerlandes steht, ziert nicht nur der Abdruck von Frau Muh, sondern auch ein großer Aufkleber „Bergrennen Hemberg". Womit sich Familie Brunner als Fan jenes Events outet, das seit 2012 direkt vor respektive unterhalb ihrer Haustür stattfindet.

1758 Meter misst die anspruchsvolle Strecke von Bächli nach Hemberg, 8,94 Prozent beträgt die durchschnittliche Steigung. Motorräder sind bei den Rennen keine am Start, finden hier für die flottere Feierabendrunde aber durchaus taugliches Terrain. Und bringen auch die rennaffinen Anrainer nicht auf die Barrikaden, wenn eine Kati oder Duc brünstig bergan bollert wie ein liebestoller Stier.

Töff fahren in der Schweiz. Ein dialektisches Vergnügen, nicht nur wegen des für fremde Ohren ungewohnten Schwyzerdütschs. Manche Kollegen haben Fireblade und Co. längst abgeschworen, kutschieren jetzt blümchenpflückend eine betagte Harley durch die Gegend. Andere machen gleich einen Bogen um das Land, das Verkehrsvergehen fürwahr drakonisch sanktioniert, sodass der Spaß an den vielen Sahnestrecken unter die schnell rotierenden Räder kommen kann.

Tja, was tun? Nun, zum Beispiel eine Street Triple mit Alukoffern tarnen. Sieht ganz harmlos nach Tourist aus und weckt allenfalls den Verdacht, größere Mengen Schwarzgelds zu transportieren. Wer zudem noch möglichst früh im Jahr unterwegs ist, hat gute Chancen zu erleben, wie aus heiterem Himmel der Schnee schmilzt, nicht jedoch die Urlaubskasse.

Verhalten fauchend swingt die weiße Streety via Bächli nach Urnäsch. Heile Heidi-Welt. Falls was kaputtgeht, hilft das Team der Garage Menet in Schönau, das, so die alte Firmenphilosophie, „mit Freude und Optimismus den dauernden Änderungen der Zeit entgegen schreitet". Ein in Asphalt gegossenes Manifest der Einladung zur freudigen Entgegenstrebung — auch sprachlich darf's mal Serpentinen geben, wenn der Begriff „verkappte Bergrennstrecke" vermieden werden soll — sind dann die kurvigen Kilometer hoch zur Schwägalp,

einem populären Bikertreff und Pass unweit vom Appenzeller Hausberg, dem Säntis.

Bim bam, rassel rassel. Der unorthodoxe Weckruf aus Kirchenglocken und Räumfahrzeugketten dringt durch die Fenster des Gasthofs Urnerboden. Dort sind wir gelandet, nachdem es am Vortag, dem 3. Juni, einen Anruf vom Wirt der Klausenpasshöhe gab: „Sie hatten doch für heute Zimmer reserviert — aber jetzt liegen hier 30 Zentimeter Neuschnee, und der Pass ist gesperrt, vermutlich bis übermorgen." Frühling in den Bergen, da fängt nur der flexible Vogel den Wurm, sprich die Passstraße.

So langsam kämpft sich die Sonne durch die Wolken, erobert ein Gehöft und eine Almwiese nach der anderen, taucht sie in warmes Licht. Hilft aber alles nichts: Kaum gestartet, versperrt eine Schranke die Weiterfahrt zum Klausenpass, eigentlich Nummer zwei auf unserer Liste der Bergrennstrecken. Von den Felsen schießt Schmelzwasser herab wie der Strahl eines Wasserwerfers. Rückzug bis Glarus und dort links ab zum Pragelpass. Perfekt. Erst durchs Klöntal, vorbei am gleichnamigen, smaragdgrünen See und schon munter ausschlagenden Bäumen, deren bemooste Äste sich über die schmale Straße renken, als wollten sie dich vor lauter Freude umarmen.

Dann, wie gleich zwei Weihnachtsbäume übereinander, die beiden dreieckigen Schilder „18 % Steigung" und „18 km kurvenreiche Strecke". Welch schöne Bescherung. Knapp unterhalb der Passhöhe von 1550 Metern ist für heute Ende befahrbares Gelände: So ein universelles Feuerzeug die Triumph Street Triple auch sein mag — als Schneeschieber taugen Flyscreen und Bugspoiler leider noch nicht.

Nichts zu meckern gibt's an den gut 30 Kilometern von Chur nach Arosa. Eine Bergrennstrecke par excellence und, da Sackgasse, ohne Durchgangsverkehr. Oberhammergeil. Man kann sogar die Patenschaft für eine der 360 Kurven übernehmen (www.kurvensicher.ch) und sie auf den eigenen Namen taufen lassen. Günther Gaskrank — wär' das kein prima Präsent fürs Ego? Wer im quirligen Chur, älteste Stadt der Schweiz und gesegnet mit einem unverschnarchten Nachtleben, wohnt, aber zur Arbeit nach Arosa pendelt, kommt ganz automatisch in den Genuss von Fahrtrainings.

Einer, der das nicht mehr nötig hat, ist Roger Moser, mit seinem Gruppe-2-BMW-E21 langjähriger wie siegreicher Teilnehmer der Arosa ClassicCar. Bei diesem Highlight der Saison dreht sich alles um die 76 Kurven der 7,8 Kilometer langen Strecke zwischen Langwies und Arosa. Beruflich fährt der smarte Roger „nur so schnell, dass ich es bezahlen kann — und den Führerschein behalte, ohne den es keine Starts bei Bergrennen gibt".

Motorräder sind in Arosa relativ wenige am Start. Ein knappes Dutzend historischer Maschinen beschließt traditionell das Feld als Signal, die Veranstaltung sei nun zu Ende. „Genug Krach machen die ja auch", grinst Roger. Apropos: Per Sondergenehmigung sind die Rennfahrzeuge von Lärmbestimmungen befreit, und auch der Kontakt zum Jagdaufseher ist offenbar gut, denn „das Wild weiß, dass es hier so laut ist".

„Fürcht nicht die Welt, greif tapfer an." Der gleichermaßen besinnungsaufsatztaugliche wie revoluzzerische Spruch steht an einem Häuschen in St. Peter — und dafür, dass bei der Achterbahnabfahrt zurück nach Chur auch mal ein Blick über die Kurvenränder riskiert wird. Zwei Stunden später am 2315 Meter hohen Albulapass staunt das Auge über andere Dinge, wird dem Herz ganz warm in seiner schützenden Umverpackung: Wie beim Riesenslalom wedeln wir auf geräumter und trockener Straße durch die noch tief verschneite Berglandschaft. Bibbern gilt nicht, zumal der Reaktor am blauen Firmament freundlich strahlt. Kaum zu glauben, dass in wenigen Tagen das Feld der Tour de Suisse vorbeirauscht, auf der Königsetappe über den Albulapass nach La Punt.

Von A nach B, vom Albula zum Bernina. „Wir sind der höchste Pass Europas (2330 Meter), der regulär ganzjährig geöffnet hat. Und das einzige Hotel ohne auch nur einen Ruhetag im Jahr", erklärt Kurt Forler, Wirt des rustikalen Albergo Ospizio Bernina. Ähnlich unterhaltsam wie die rund 50 gut ausgebauten Kilometer der Passstraße, vorbei am Morteratschgletscher und dem Stausee Lago Bianco, sind die unzähligen Storys, die Kurt auf Lager hat. „Wir machen in der Saison jeden Tag allein 300 Euro mit der Pinkelanlage: Der Mann zahlt 3,30 für den Espresso, die Frau 1 Euro für die Toilette."

Für unser Thema vielleicht etwas relevanter ist die Info, dass auf dem sechs Kilometer langen Abschnitt zwischen Poschiavo und Hospiz schon 1929 und 1930 Bergrennen stattfanden, eine unlängst geplante Reaktivierung des „Großen Preises der Bernina" aber scheiterte, und zwar weniger aus ökologischen Bedenken als vielmehr wegen der Bankenkrise, als der Kurs Euro zu Franken 1:1 stand.

Ja, das liebe Geld. Manche Gäste treibt es weg aus dem mondänen St. Moritz, wo die Übernachtung leicht 900 Mäuse kosten kann — andere wiederum hin. So hat es dort unlängst geradezu einen Boom gegeben in der Luxus-Hotellerie, weil sich ganze Scheich-Familien eingemietet haben aus Sorge davor, wie es zu Hause mit dem Arabischen Frühling weitergeht.

Mutter Natur trägt jetzt immer mehr leuchtendes Grün. Als Catwalk dient das Bergell, das Tal zwischen Malojapass und dem italienischen Chiavenna. Während unten auf den Wiesen der Frühling explodiert, schimmern die Reste von Schnee nur noch auf den Gipfeln der Berge, sie zart umhüllend wie weiße Dessous. Wen das nicht sonderlich juckt: 32 Kilometer Streckenlänge und 1500 Höhenmeter — auch das ist Bergell. Als heimliche Königin des Tals gilt Soglio, ein verwinkeltes Bergdorf, das Besucher zwar nur per pedes und ohne mopedes, empfängt (Parkplatz am Ortsanfang), dafür aber schnell mit altertümlichem Charme umgarnt.

Und wer weiß, vielleicht verliebt man sich dort auch in den stattlichen Palazzo Salis, einen Prachtbau von 1630, der 368 Jahre später zum „Historischen Hotel des Jahres" gekürt wurde. Dass „ab und zu ein Touristenschwarm sich über diese Verzaubertheit blindlings niederlässt", mag, wie einst von Rainer Maria Rilke bedauert, zwar schade sein, ist zugleich aber wieder mal Argument fürs möglichst vorsaisonale Reisen. Frühe Vögel ...

Wem die flüchtige Liaison genügt, kann ja in Soglio stippvisitierend mit einem traditionellen Kastaniensüppchen vorliebnehmen. Alternativ lässt sich die Zeit natürlich auch im bisher so stiefmütterlich behandelten St. Moritz verfuttern, zum Beispiel im Bergrestaurant Trutz, das für erstaunlich günstige 13 Franken eine Portion Spaghetti Bolognese offerieren soll. Womit dieser Tipp von Kurt auch untergebracht wäre. Für die anderen Leckerchen, die die Südschweiz noch in petto hat, genügt ein Blick auf die Karte: Flüela, Julier, Lukmanier, Ofen, Splügen, San Bernardino — haufenweise Pässe zum Sattfahren.

Klausenpass

Start frei zum Klausenpass, nach dem Schneeeinbruch heute zum ersten Mal wieder offen. Los geht es in Ost-West-Richtung ab Linthal. Als Warm Up ein paar kopfsteingepflasterte Kehren wie an der alten Gotthardstraße, dann Serpentinengeschlängel wie für die Streety gemacht. Hui hui hui. Schon bei 4000 Umdrehungen ziehen die 675 Kubik kräftig, bei 10.000 meine Mundwinkel sich bis zu den Ohrläppchen — und wahrscheinlich die Murmeltiere sich die Decke über den Kopf. Dabei beginnt der rote Bereich erst bei knapp 14.000. Cool Down auf der nur schwach ansteigenden Hochebene Urnerboden, bevor sich bis zur Passhöhe auf 1948 Metern die zweite Ladung Serpentinen auftürmt, hübsch übereinandergeschichtet wie am Stilfser Joch.

Die insgesamt 46,6 Kilometer lange Straße von Linthal über den Pass bis hinunter nach Altdorf wurde 1899 eröffnet, zunächst nur für Fußgänger und Kutschen. 1922 fand auf der 21,5 Kilometer langen Ostrampe das erste Autorennen statt, damals noch auf Schotter. Es wurde zum bekanntesten und schwierigsten Bergrennen Europas. Die Stars jener Tage hießen Caracciola und Stuck, Nuvolari und Chiron. „Auf Feuer speienden Rennwagen jagten und schleuderten sie von der Geschwindigkeit besessen, fauchend und brüllend auf der Kiesstraße ... in die wilde Klus, hinauf zum Ziel." So beschwört ein aktueller Flyer fürs Internationale Klausenrennen den Mythos der glorreichen Zeiten. Unter den historischen Boliden sind auch die Motorräder und Dreiräder mit rund 60 Maschinen gut vertreten; am Start Exoten wie Ariel Red Hunter, Horex T6 und Montgomery Jap.

Fester, wenngleich etwas windschiefer Bestandteil des Passes ist seit mehr als 100 Jahren das nostalgische Hotel Klausenpasshöhe. Eine Arche Noah hoch oben auf einem Wellenkamm der Berge, die heimeligen Zimmer ausgestattet mit knarzenden Holzböden und einem Krug Wasser auf der Kommode. Und erst die Aussicht: Traumhaft. Beruhigend fürs soziale Kopfkissen vielleicht: In der Schweizer Hotellerie gilt ein Mindestlohn von 3400 Schweizerfranken, wodurch du als Urlauber zwar immer etwas mehr zahlst, dafür aber nicht auf Kosten des Personals reist.

Hallo wach, ein letztes Mal auf dieser Tour. Erst eine Schnupperrunde durchs Schächental hinunter bis Altdorf, wo ein Denkmal für Wilhelm Tell die Frage aufwirft, wie wohl der zum Nationalheld gewordene Armbrustschütze auf behördliche Radarstrahlen und Blitzer reagiert hätte. Dann den ganzen Klausenspaß aus Wasserfällen, Steilhängen und Serpentinen zurückgespult. Plötzlich Vollbremsung neben zwei Männern, die quasi am Stock gehen und ihre Räder schieben. Thomas Achermann und Bruno Zwyer arbeiten fürs Straßenbauamt des Kanton Uri, das alle fünf Jahre mit Schweizer Präzision und Gründlichkeit die Fahrbahnen der Pässe kontrolliert. Das Vermessen von Griffigkeit, Belagstärke, Quer- und Längsebenheit dauert natürlich. Allein für die 36,6 Kilometer am Klausenpass kalkulieren die beiden Ausdauerathleten fünf Tage. Ganz so langsam sind wir dann doch nicht unterwegs gewesen. ∎

INFOS

Reisedauer: 4 Tage
Streckenlänge: 1000 Kilometer

Streckencharakter: Hügelig im Appenzellerland, alpin auf den Pässen der Südschweiz.

Besonderheiten: Tempo 80 auf der Landstraße und rigorose Geschwindigkeitskontrollen nebst eines saftigen Bußgeldkataloges lassen sich nicht wegdiskutieren. Andererseits verträgt längst nicht jede Kurve 100 Sachen, manches Bergpanorama aber einen entschleunigten Blick. Über die witterungsbedingte Befahrbarkeit der Pässe in Vor- und Nachsaison informiert alpen-paesse.ch.

Übernachten: Hoch gelobt wird immer wieder die Hotelkultur der Schweiz. Allein schon topografisch auf hohem Level sind die Quartiere an Klausenpass und Berninapass.

Anreise: Das Appenzellerland ist zu erreichen über Konstanz und Wil SG (St. Gallen); alternativ auch via Basel und Zürich oder Bregenz und St. Gallen.

Adressen: www.myswitzerland.com, www.uri.info, www.engadin.stmoritz.ch, www.graubuenden.ch

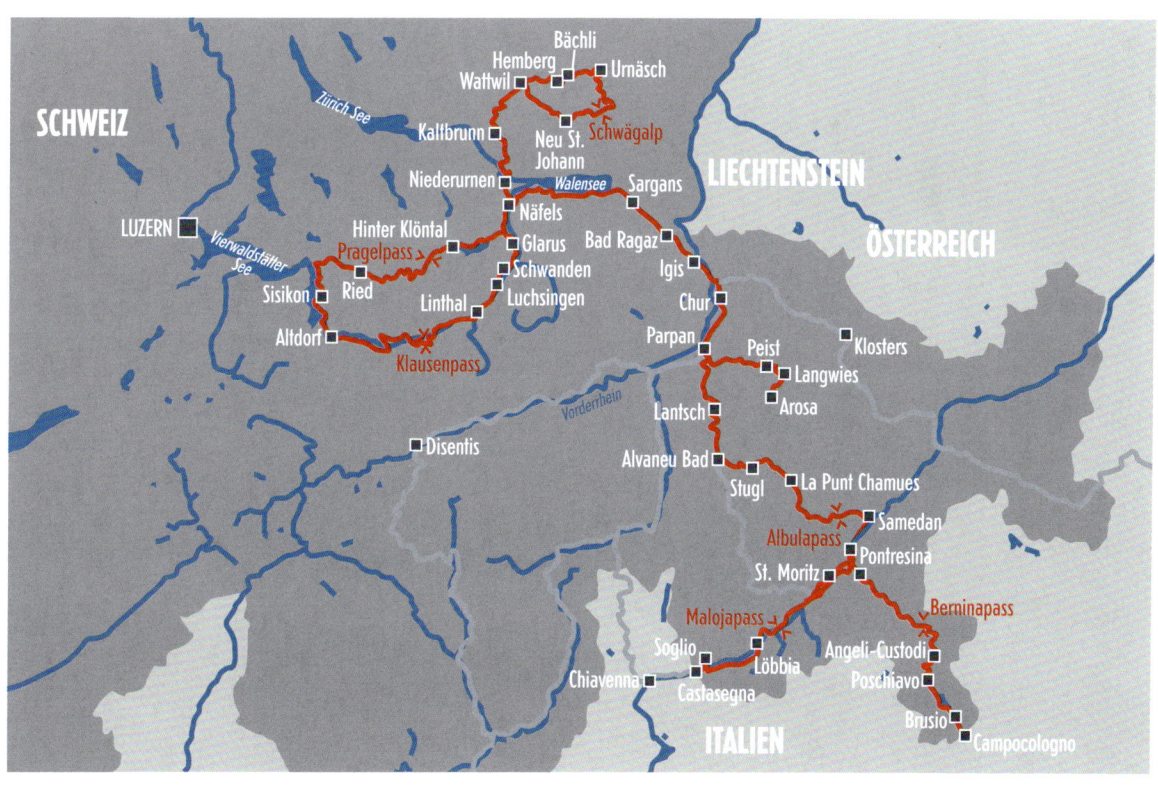

DÉJÀ-VU

Auf der Deutschen Spielzeugstraße zwischen Nürnberg

und Thüringer Wald lassen Modelleisenbahnen, Blechspielzeug,

Teddys und Puppen die Augen kleiner wie großer

Besucher von Museen und Produktionsstätten leuchten.

Oft kommt zur Begeisterung auch eine blitzartige Erinnerung ...

Playmobil FunPark in Zirndorf

Kein Wunschzettel war je so lang wie die 35 Anlaufpunkte umfassende Liste, mit der Rolf und ich zur Deutschen Spielzeugstraße starten. Da es aber nicht nur nach Nürnberg und Sonneberg geht, Zentren der Spielwarenindustrie, sondern auch durch die Fränkische Schweiz und den Thüringer Wald, beides veritable Motorradreviere, muss der eine oder andere Punkt wohl unterwegs kurzfristig gestrichen werden. Doch ob in verwinkelten Museumsgängen oder auf verschlungenen Sträßchen, zur Zeitreise wird das eine wie das andere: Unsere Begleiterin ist die Kawasaki W 800, metallische Inkarnation von Retro.

Playmobil. Kaum ein Kinderzimmer, das die mittlerweile milliardenköpfige, stets freundlich lächelnde Armee der bunten Plastikfiguren seit ihrer Erfindung 1974 nicht erobert hat. Mögen ältere Semester, die durch Lego sozialisiert wurden und sich dabei kreativ wie unorthodox ihren eigenen kindlichen Kosmos schufen, auch die Nase rümpfen ob der vorgefertigten Themenwelten rund um Piratenschiff, Ritterburg und Co.: Im Playmobil-FunPark in Zirndorf geht Spielen über Sinnieren. So fragt sich vielleicht ein Knirps, der vor einem riesengroßen Löwenritter steht: Wer hat das ganze Spielzeug ins XXL-Format gezaubert? „Wenn die Kinder keine Phantasie einbringen, bleiben die Figuren leblos", erklärt sachlich die Presse-Chefin.

Die Steuereinnahmen von Playmobil haben Zirndorf spielend reich gemacht. Mitten im aufgehübschten Zentrum liegt das Städtische Museum mit einer umfangreichen Sammlung von Blechspielzeug. Das lädt ein zu Gedankenspielen, lässt die grauen Zellen lustig brummen wie ein alter Kreisel. Viele Exponate entlarven typische Rollenbilder ihrer Zeit: Für Mädchen gab's schicke Küchen oder, total putzig, eine „Miss Friday — The Typist", die Büromaus an der Schreibmaschine. Jungs bekamen heroische Motorradfahrer geschenkt und spielten Autofahrschule „mit elektrisch magnetischer Fernsteuerung".

Ein Druck aufs Knöpfchen — selbst die härtesten Jungs müssen heute nicht mehr kicken, auch wenn sie Bikes im Stil der 60er Jahre fahren — und eine halbe Stunde später erreichen wir das Spielzeugmuseum Nürnberg. Mannomann, vier Stockwerke, die ganze Vielfalt des Spielzeugs

von der Antike bis zur Gegenwart — und alles picobello sortiert.

Während Rolf, in dessen Garage noch eine alte Le Mans 1 steht, sich gleich auf die Lehmann-Groß-Bahnen stürzt, dürften Pädagogen angesichts von Schlachtschiffen und Panzern aus der Zeit der Weltkriege wieder mal „Kein Kriegsspielzeug im Kinderzimmer" fordern. Die großbürgerliche Welt von 1870 bis 1900 spiegeln pompöse Puppenhäuser, während die Modellbahnanlage Omaha akribisch-realistisch einen Eisenbahnknotenpunkt im Mittleren Westen der USA abbildet, sehr zur Freude eines krakeelenden Dreikäsehochs.

Plötzlich bin ich es, der aus dem Häuschen gerät. Da, der Trix-Metallbaukasten! Die Lochprofile und das messingfarbene Zahnrad, die Vollgummireifen, der Elektromotor! Die Welt der Technik, 315 Einzelteile, aus denen man alles bauen kann. Ein völlig unvermutetes Wiedersehen mit dem Lieblingsspielzeug aus der Prä-Moppedschraub-Ära. Welch ein Déjà-vu. Es soll nicht das letzte bleiben.

Doch jetzt reicht's erst mal mit dem Naseplattdrücken an Vitrinengläsern. Raus aus Nürnberg, ab auf die Spielwiesen im Umland. B2 Richtung Fränkische Schweiz, Abzweig nach Oberrüsselbach — wer kann da widerstehen. Das schmale Asphaltband wie von einem Kätzchen ausgerollt. Dazu viel Mais und Korn, Entengrütze und spinnwebige Schaukästen mit den Terminen im Dorf. Eine Welt, wie geschaffen für den Swing mit der Königswellen-Lady. Deren Urahn, die W1 von 1966, wäre hier Hecht im Karpfenteich gewesen, hätte einer R 69 S keine Schnitte gelassen.

Frühstück um sieben im Gasthof Alte Post in Obertrubach, das schafft Zeit fürs Tagesprogramm. Durchs Trubachtal mit seinen 150 Millionen Jahre alten Kletterfelsen gondeln wir nach Gößweinstein zu unserem dritten Spielzeugmuseum. Ein kunterbuntes Sammelsurium aus dem schönen Frankenland von anno dazumal, getragen von privatem Engagement. Als Rarität die Gussformen alter Schuco-Rennwagen, als Blickfang in einer Mercedes-Vitrine ein rotes Tretauto mit Stern. Zwischen einer Kolonie blaugesichtiger Schlümpfe und der kaum frequentierten Kasse erzählen zwei Mitglieder des Museumsvereins: „Als Kinder hatten wir kaum Spielzeug. Ein Ball, eine Puppe, das war's. Weihnachten gab's einen

Teiche
bei Kleinneuses

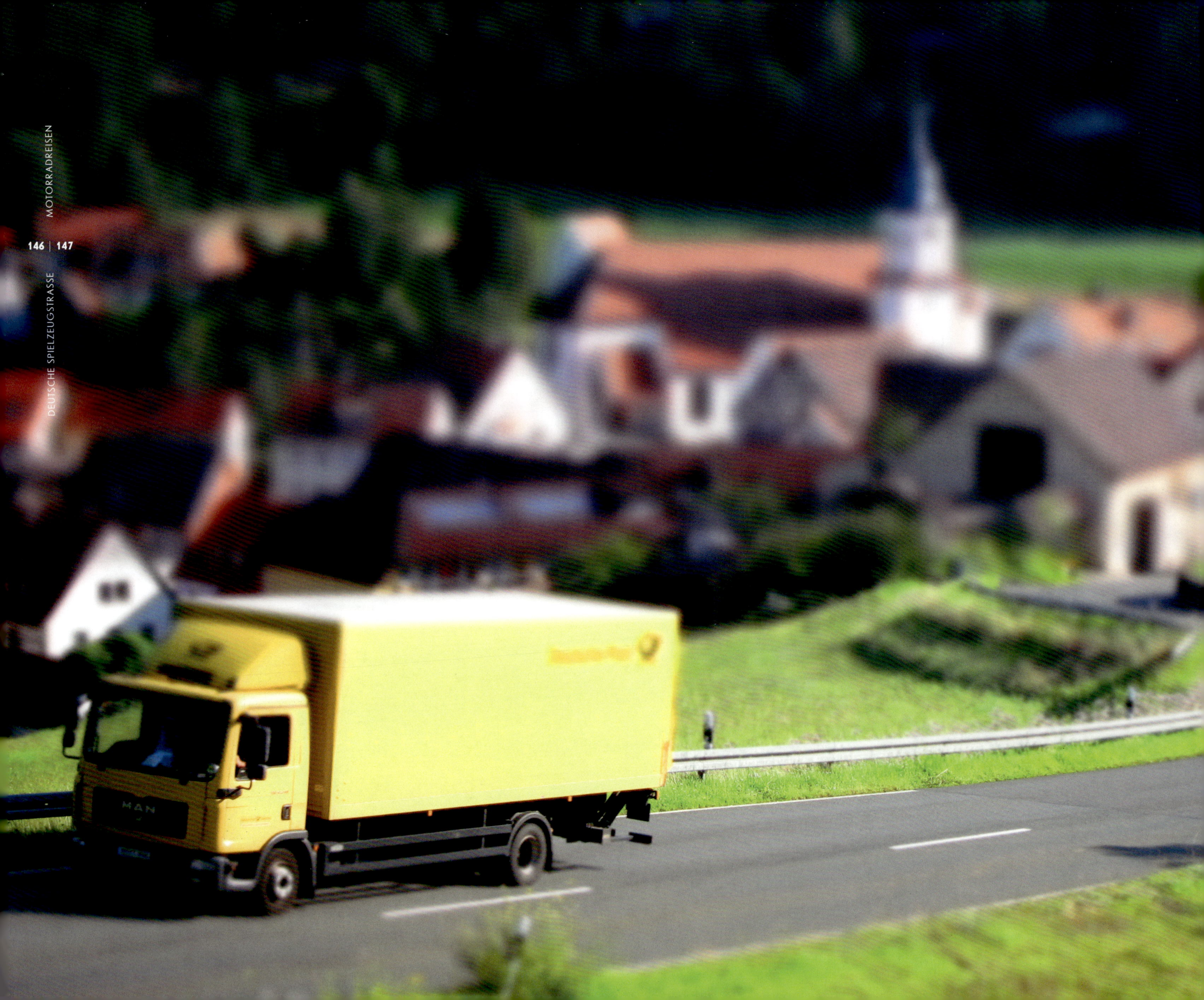
MAN

Landstraße bei Oberrüsselbach

Obertrubach

Trubachtal

Kaufmannsladen, den hatte Vater selbst gebaut; der kam aber wieder weg bis zum nächsten Jahr und wurde dann neu befüllt."

Statt Boxenstopp im Café Krone gegenüber der Wallfahrtsbasilika von Gößweinstein muss ein Schokoriegel reichen. Weiter nach Coburg zum Puppenmuseum, bevor das um 16 Uhr schließt. Welch ein Frevel, so durch die Fränkische Schweiz zu heizen. Zum Glück merken wir das schnell. Wozu die Hetze? Lieber verzettelt man sich doch und fährt im Zickzack, ganz spielerisch. Als wolle sie Beifall klatschen ob der Befreiung vom Zeitdiktat, macht die Kawa sogar im Stand beim Abkühlen noch Musik, knister knister, pling pling. Pizza in Pottenstein, einige Haken über Haselbrunn, Poppendorf und Glashütten, ein Rendezvous mit einem bereits etwas runzeligen Rapunzel im schönen Weismain, Staunen über Shaun das Schaf bei der Firma Nici, Sunset bei Sonnefeld und schließlich Augen zu in Rödental.

Aug in Aug mit tausend schönen Frauen-augen — kein Traum. Die Rödentaler Firma Lesch ist Produzent von Puppenaugen aus Glas. Je nach Größe, zwischen einem und achtzig Milli-metern beträgt der Durchmesser, werden täglich rund drei- bis achttausend gläserne Tropfen mittels Gasbrennern in Form gebracht. Das lässt sogar die Beatles dahinschmelzen: Mit „She loves you" sorgen sie für Stimmung in der Bude, derweil Erna, Elfriede und zwei Kolleginnen fleißig Gas geben. Ergänzt wird die Produkt-palette um Augen für Tierpräparationen sowie Artikel für die Automobilindustrie. Im Showroom ein Blick auf Heidi, das schielende Opossum, und dann auf nach Coburg.

In der ehemaligen Herzogsresidenz ist ja eigentlich die Veste, eine der größten Festungs-anlagen Deutschlands, der Hammer, aber gegen das Puppenmuseum hat sie heute keine Chance. „Die Sammlung bildet sehr genau die Wohnkultur und die Sozialgeschichte des 19. Jahrhunderts ab", referiert Museumsleiterin Christine Spiller. „Ich kann die Köppe nicht mehr auseinander-halten", konstatiert Rolf nach einem Rundgang durchs Domizil von tausend bezaubernden Ge-schöpfen. So ähnlich geht's vermutlich mancher Sozia im Motorradmuseum.

Vom als Teewärmer genutzten Porzellan-püppchen bis zu Celluloid-Modellen aus dem Hause Schildkröt, von der Köchin mit dem guten

alten Weck-Einmachkessel bis zu Barbie auf einem modisch lilafarbenen Roller reicht das Spektrum. Wem's irgendwann reicht, der kann gleich nebenan im Cafe Hallo Dolly regene-rieren. Oder ein paar Schritte weiter auf dem Martplatz, prächtiges Wohnzimmer der Stadt, eine Coburger Rostbratwurst verputzen.

Vorbei an Baustellen mit Baggern und Rau-pen, wie damals im Sandkasten die Modelle von Corgi Toys, steuern wir als nächstes das Museum der Deutschen Spielzeugindustrie in Neustadt an. Im Fokus steht hier nicht die kuschelige Verklärung der Kindertage, sondern der harte Broterwerb, dem die Menschen in der Region Sachsen-Coburg-Gotha einst nachgingen, als Papiermachégießer, Bärenstopfer, Augenein-setzer oder Puppenfriseuse. Neben Materialien und Techniken wird aber auch anderes gezeigt: Max und Moritz, wie sie leibten, lebten und starben. Ob die beiden Karriere machten mit Lausbubenstreichen oder mit Mundraub, Sach-beschädigung und Terroranschlag, tja, darüber streiten die Gelehrten.

Keine Frage: Thomas Packert, gelernter Elektriker, hat sich zum begnadeten Universal-mediziner gemausert. Schädelbruch, Zahn- und Augenprothetik, Transplantation sämtlicher Gliedmaßen — nichts, was der virtuose Weiß-kittel in seiner kleinen Klinik, Goethestraße 7b in Neustadt, nicht beherrscht. Tiermedizin gehört selbstredend auch zum Repertoire.

Um 15:13 Uhr ein Notfall. Morle wird einge-liefert, ihn hat's böse an der Schnauze erwischt. Als der Patient behutsam aus dem roten Pyjama geschält ist, die erlösende Diagnose an die Angehörigen, die Morle offensichtlich schon mit Hausmittelchen provisorisch zusammengeflickt hatten: „Das haben Sie gut gemacht. Am besten bleibt das so, denn wenn ich da jetzt rangehe, gibt das ein ganz anderes Gesicht — und einen anderen Charakter." Eine Einstellung, von der sich manche Schönheitschirurgen eine dicke Scheibe abschneiden könnten. Tief beeindruckt verlassen wir zusammen mit dem um die OP herumgekommenen Patienten, einem zausigen, von seiner kleinen Besitzerin heißgeliebten Braunbären, den Puppendoktor.

Wieder mal Besuchszeit im Spielzeugmuse-um, heute in dem von Sonneberg. Ein Highlight der Sammlung ist der von Winzlingen gefesselte

oben, v. l.

Teddy beim
Puppendoktor

Motorradfahrer
aus Blech

Trix-Baukasten

Puppengesicht

Mitte, v. l.

Glasaugenproduktion

Weck-Einmachkessel

Brummkreisel

Denkendes
Kinder-Auto

unten, v. l.

Lehmann-
Groß-Bahnen

Kosmonauten

Dickie-Tamiya
Raceway

Playmobil FunPark

Bärenschlucht

Gulliver in Liliput, angefertigt für die Londoner Weltausstellung 1851. Fesselnd auch ein Spruch auf dem Parkett: „Man kann sich zu etwas Einfachem viel leichter etwas hinzuträumen als von etwas allzu Reichem etwas wegdenken. Durch das Hinzuträumen wird dem Kinde das Ding aber erst recht lieb, dadurch vertieft sich sein Spiel." Und jetzt „Hinaus ins Freie!" Das Motto einer Sonderausstellung lässt man sich nicht zweimal sagen, wenn statt Bobby Cars draußen richtige Motorräder warten.

Zum Mekka der Generation Joystick wird in Sonneberg immer der Raceway von Dickie-Tamiya, wenn sich dort die Modellrennautoszene trifft. Zufällig ist heute Training für den Fighter-Cup, das Deutschland-Finale mit mehr als 200 Kindern unter 14 Jahren. Wir haben wenig Ahnung von der Materie, erfahren aber immerhin, dass ein schneller Motor bereits für taschengeldfreundliche fünf Euro zu haben ist und das Geheimnis des Erfolges in den Akkus liegen soll.

Feierabend und freies Fahren durch den Thüringer Wald. Die kurvigen Straßen mal geflickt, mal perfekt ausgebaut, sodass es keinen vor Langeweile aus dem Sattel haut. Via Steinheid und Katzhütte laufen wir in Ilmenau ein, finden dort mit der Pension Zur Post eine urige Bleibe.

Morgenstund ist bei Museen nicht immer mit den Öffnungszeiten im Bund. Also zuvor ein Abstecher nach Rudolstadt, wo die Anker-Steinbaukästen entstehen. Seit 1880 wird hier, basierend auf einer Entwicklung der Brüder Lilienthal, das erste Systemspielzeug der Welt produziert. Schon Albert Einstein und Jürgen Trittin haben ihn in der kindlichen Nase verspürt, den charakteristischen Duft der aus Quarzsand, Farbpigmenten und Leinöl gepressten Öko-Steine. Egal, ob man mal eben den Satz des Pythagoras legt oder ein paar Klötzchen mehr investiert und das Münchner Rathaus nachbaut: Die Steinzeit lebt. Möge die Firma nie untergehen.

Um 14 Uhr zurück in Ilmenau. Als habe sich zusammen mit den schmalen Reifen des Retrobikes auch das Rad der Geschichte gedreht, und zwar wacker retour, entführt das DDR-Spielzeugmuseum in 40 Jahre real existierenden Sozialismus. Was es in der Halle einer Ex-Eisengießerei, beschallt von herzallerliebsten Pittiplatsch-Kinderliedchen, nicht alles gibt. „Der kleine Panzerfahrer. Ein Baukasten für patriotisches Spielzeug."

„Das denkende Kinder-Auto ... Kein Hindernis hält es auf!" Alles klar, oder? Oder war und ist Erziehung je frei von Ideologie?

An anderer Stelle bunte Autos und Figuren, die als Produkt des „VEB Mechanische Spielwaren Brandenburg" gekennzeichnet sind und verdächtige Ähnlichkeit mit Playmobil haben. Dazu Museumsleiter Dietmar Kersten: „Viele Sachen wurden zusammen entwickelt, nur will das heute keiner mehr wissen." Apropos: Pittiplatsch ist ein Frechdachs aus „Unser Sandmännchen" — gestartet im November 1959, kurz bevor ein anderer Schlafsandstreuer dann westdeutschen Kindern in die Träume half.

Last exit Ohrdruf. Dort wurde 1865 das erfunden, was seither schon viele Easy Rider ganz früh mit dem Ritt in die Freiheit vertraut gemacht hat: das Schaukelpferd. ∎

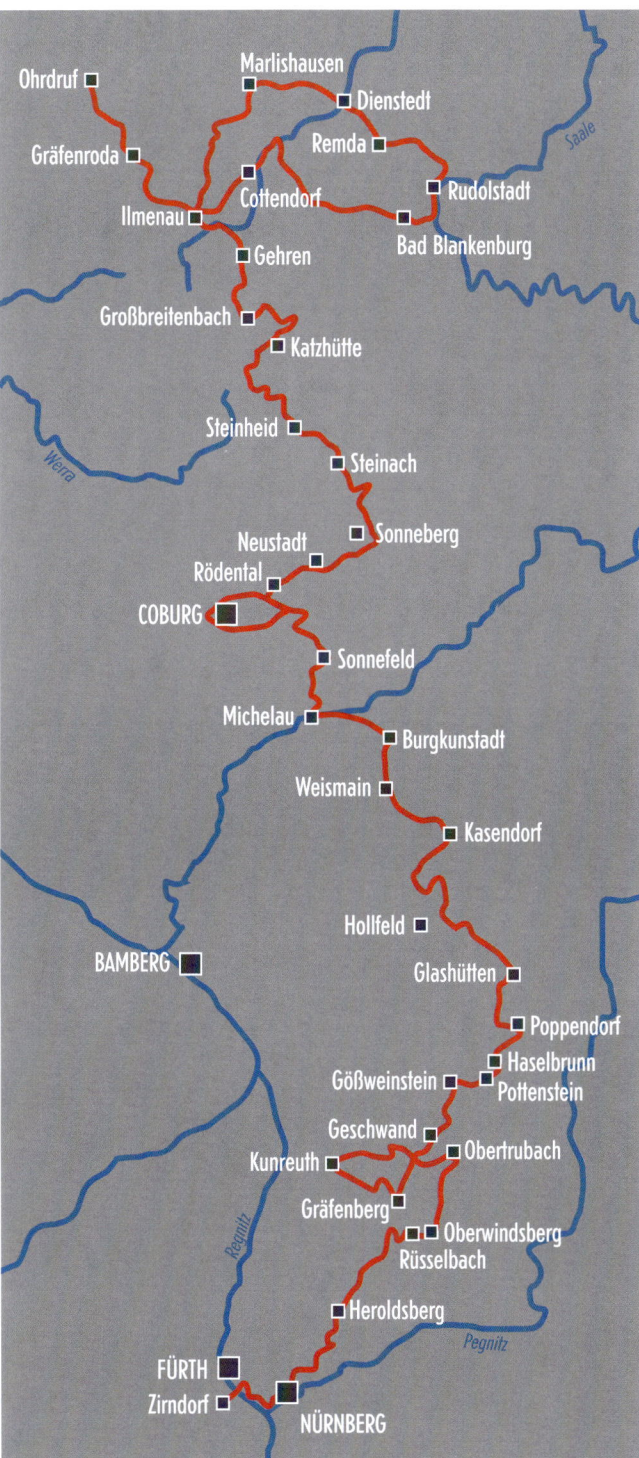

INFOS

Reisedauer: 3 Tage
Streckenlänge: 400 Kilometer

Streckencharakter: Mittelgebirgssträßchen durch Fränkische Schweiz und Thüringer Wald. Die Route ist kaum ausgeschildert — willkommene Aufforderung zur Kurvensuche in Eigenregie.

Besonderheiten: Ordnung ist, manchmal, das halbe Leben, eine individuell zusammengestellte Liste mit Anlaufpunkten nebst Öffnungszeiten bei dieser Tour sinnvoll. Ergänzend zu all den Spielzeugmuseen und Produktionsstätten an der Strecke empfiehlt sich in Nürnberg auch das Eisenbahnmuseum der Deutschen Bahn (www.dbmuseum.de).

Übernachten: Wer die Sache spielerisch angeht, sucht sich unterwegs ganz spontan ein passendes Quartier.

Anreise: Zirndorf, Sitz von Playmobil, erreicht man über die A73, Abfahrt Nürnberg/Fürth.

Adressen:
www.spielzeugstrasse.de

HÖHEPUNKTE

Untoppable — die jeweils höchsten Punkte der sechzehn deutschen

Bundesländer und Stadtstaaten. Eine Tour vom 32 Meter hohen Friedehorstpark in Bremen

bis zur 2962 Meter hohen Zugspitze in Bayern.

Wasserkuppe

Wasserkuppe
Rhön · 950 m

Erst fängt es ganz tief an, aber dann ... Exakt 32,5 Meter über NN misst im Friedehorstpark die höchste Erhebung des Stadtstaates Bremen. Gegenüber der grünen Oase ein Reha-Zentrum, damit gesundheitlich angeschlagene Menschen wieder auf den Damm kommen. Bereits ganze Arbeit geleistet haben die Physiotherapeuten bei Triumph, die dem 2,3-Liter-Dreizylinder der Rocket III kerngesunde, von keinem Konkurrenten getoppte 221 Newtonmeter antrainiert haben. Genau der richtige Untersatz, um bei all dem Föderalismus — immerhin sechzehn Bundesländer stehen auf dem Programm — auch den Drehmomentismus nicht zu vernachlässigen. Eine solche Motorisierung freut forsche Höhenforscher besonders im flachen Norden Deutschlands, wo sie schon ein kleiner Zupfer am Gasgriff aufs Gipfelplateau der Newton Mountains rockt, selbst wenn kurvige Bergstrecken fehlen.

Von Bremen nach Hamburg. Das höchste unterwegs sind die Wipfel der Alleen. Irgendwann später vielleicht auch Windräder der 200-Meter-Klasse. Traditionell der hohen Kunst verhaftet ist seit Impressionismus und Expressionismus die Künstlerkolonie Worpswede im Teufelsmoor. Etwas trivialer, dafür massenkompatibler der Fußball, sodass in vielen Gärten oben am Mast die HSV-Fahne flattert.

„Hasselbrack? Da müssen Sie mit dem Mountainbike hin", stimmt ein Ansichtskartenverkäufer ein auf die topographischen Verhältnisse rund um den stolze 116,2 Meter messenden höchsten Hügel von Hamburg. Ohne Klapp-MTB im Gepäck ist auf einem Waldparkplatz inmitten des Naturschutzgebietes Fischbeker Heide bei 55 Metern Schluss. Wer will schon mit einem 370-Kilo-Eisenschwein als schwarzer Keiler durch die Botanik brechen? Dann doch lieber den 240er-Schlappen breite Striche malen lassen im Industriehafengebiet Hohe Schaar, wo gerade die größte Klappbrücke Europas heranwächst, fertig wohl weit vor der 110 Meter hohen Elbphilharmonie.

Am höchsten hinaus geht es in Schleswig-Holstein in der Schweiz, der Holsteinischen. Ortsnamen wie Bad Segeberg und Krögsberg schmücken sich mit Bergen, Seen rund um Plön und Malente das Land. All das kulminiert am Bungsberg: 168 Meter, ein Aussichtsturm und sogar ein Schlepplift für Deutschlands nördlichstes Skigebiet. Und jetzt 21 Uhr. Statt noch wie geplant

in die nächste Schweiz zu heizen, die Mecklenburgische, endet der Abend im Redderkrug in Eutin. Ja, die Logistik. Sie wird von so mancher unkalkulierten Kleinigkeit aus dem Lot gebracht. Beispielsweise von der zeitraubenden Suche nach Ansichtskarten; was bei 16 mal 30 Minuten fast einen Arbeitstag macht.

OH-NE 46. Der in Ostholstein zugelassene Trabi gibt den Takt für die nächste Etappe vor. Zwar ohne Rossis Startnummer, aber mit 146 PS wird verlorene Zeit gutgemacht. Schönberg, berüchtigt für seine Mülldeponie Ihlenberg, fliegt vorbei, an der B108 bei Dummerstorf ein Orion-Shop, Garant für einsame Höhepunkte daheim. Umleitung über einen Plattenweg bei Teschow, grellbunte Trikes und Cruiser auf der Graffittifassade von Zweirad Hassemer in Malchin, Wohnmaschinen wie auch Backsteinprachttore in Neubrandenburg. Karottensaft mit Honig zur Stärkung beim Discounter.

Woldegk. Das Landstädtchen wirbt verständlicherweise nicht mit vier Arbeitslosen und einem Mastiff-Mischling, die auf dem Marktplatz abhängen, sondern mit seinen fünf Windmühlen und damit, am Fuß der höchsten Erhebung von Mecklenburg-Vorpommern zu liegen. Am 179,2 Meter hohen Helpter Berg geht das letzte Stück wieder nur per pedes. Für Nichtwanderer ist Endstation vorm Zaun einer tristen Fernmeldestation. Wer sich dort nun fragt, was die ganze Jagd nach Summits denn nur soll, hat wohl noch nie gesammelt. Fußballbildchen, Puppen, Modellmotorräder, Achttausender im Himalaya — immer Fehlanzeige?

In einem Rutsch nach Berlin. Autobahnabfahrt Marzahn und durchs hochgradig plattenbaukliescheebehaftete Revier von Cindy, Mandy und Marcel bis nach Köpenick zum Großen Müggelberg. 114,8 Meter misst Berlins Spitze, gut versteckt in lauschigem Waldesgrün. So gut, dass wir daneben landen, auf dem asphaltierten Plateau des 88 Meter hohen Kleinen Müggelberges. An dem taucht, Treppen stürmend, Günter Bachert auf. Er trainiere für die Stubaier Alpen, erzählt der fitte 71-Jährige. Und berichtet von der kommunalpolitischen Posse um das verfallende Restaurant hier oben, einstmals blühendes Ausflugslokal in Toplage, inzwischen Investitioinsruine. Quasi das ganze Flughafen-Neubau-Chaos in klein.

Riesengroß flammt im Rückspiegel der Sonnenball, so rot, wie der Osten Deutschlands für

viele Zeitgenossen einmal war. Als hätte sich nichts gewendet, platzt die Museumsgaststätte Röderschänke in Stolzenhain vor lauter Ostalgie aus allen Nähten. Der Wirt, Ex-Bürgermeister Willfried Höntzsch, „geboren 1952 und mit Doppel-L, weil meine Eltern ein Kind im Frieden wollten", hat nicht nur eine redselige Ader, sondern auch eine spendable: Er ist Sponsor eines Gedenksteins, der die herausragende Erhebung Brandenburgs markiert, die 201,4 Meter hohe Heidehöhe bei Gröden. Auf Frühsportler, Emporkömmlinge und Weitblicker wartet dort sogar noch ein 162-stufiger Aussichtsturm.

Nach den Treppen nun Steppen durch die Gänge, Pulsbeschleunigung für die Herzen aus Stahl. Meißen gleitet vorbei: statt Porzellan eine kaputte sowjetische Kaserne, die Elbe, das Schloss. Bergan gen Nossen: auf der rechten Spur Womos, wisch und weg. Chemnitz: Stadt der Moderne, Karl-Marx-Stadt ist tot, kein Witz. Annaberg-Buchholz und Crottendorf: Erzgebirge, Räucherkerzen, Biker welcome, 13 Prozent Steigung — es geht los mit den richtigen Kurven und Bergen. Der höchste hier in Sachsen ist mit 1214,8 Metern der Fichtelberg. Dort toben heute Böen, die mit ungünstig geparkten Motorrädern Mensch-ärgere-Dich-nicht spielen und uns ins muckelig warme Café am Gipfel treiben.

Von Sachsen nach Thüringen, vom Fichtelberg zum 982,9 Meter hohen Großen Beerberg. Wenn das so einfach wäre. Und legal. Zwischen Schmücke und Oberhof zweigt ein aufgeweichter Forstweg ab in den Wald. Ohne Reifen wie fürs Traktorpulling keine Chance für die Rocket. Alternative Spielwiesen bis zum Abwinken gibt es aber mehr als reichlich. Was für den Thüringer Wald genauso gilt wie fürs Erzgebirge und für die Rhön, letzte der Lustlandschaften heute, wo die Räder Kreise schlagen. Bis sie ausrollen vorm Hotel Peterchens Mondfahrt auf der Wasserkuppe, mit 950,2 Metern die höchste Erhebung in Hessen.

Frühstück unter den Bildern alter Recken der Lüfte, die hier oben nach dem Ersten Weltkrieg, als den Deutschen der Motorflug verboten war, die Segelfliegerei entwickelten. Landratten können übrigens bei einem Gastflug das Frühstück gleich wieder loswerden — erinnert sich der Autor noch aus eigener Erfahrung. Wir folgen nun ziemlich lange der B27. 2500 Umdrehungen, 100 Sachen. Kirschenland Werratal: 1000 rote Rück- und

Bremslichter. Intermezzo bei Landolfhausen, wo die Rasten den Asphalt pflügen dürfen. Vorbei an Gieboldehausen, Treffpunkt der Globetrotter, die von Abenteuern an den entferntesten und höchsten Gipfeln der Welt erzählen.

Herzlich willkommen im Harz. Nichts für Kurvenmuffel oder Fachwerkphobiker. Von Herzberg nach Sieber — kaum eine Strecke fährst du als Einstieg lieber. Und keine steilere als die Herrenstraße in St. Andreasberg. 22 Prozent, mein lieber Herr Gesangverein, da lupft sogar Mister Rocket das Vorderrad. Auf den höchsten Berg Niedersachsens schwebt man am besten per Seilbahn. Dafür fehlt uns die Zeit, sodass dieser Punkt ganz bequem auf einer Bank „abgesessen" wird. Die Adresse fürs Navi: Brunnenbachsweg in Braunlage — und von da durch die Wiese bis zum Panoramablick auf den 971,2 Meter hohen Wurmberg.

Der steht im Harz allerdings ganz im Schatten seines großen Bruders, des Brockens. 1141,1 Meter misst der sagenumwobene, von Hexen als Blocksberg umflogene Geselle, ehemals auf der anderen Seite des Eisernen Vorhangs zu Hause und heute Oberhaupt von Sachsen-Anhalt. Auf geht's auf Schusters Rappen oder, schnaufen lassend, per schmalspuriger Brockenbahn. Dafür fehlt auch hier die Zeit, sodass wieder das Panorama ran muss. Diesmal direkt an der B4 am Parkplatz Torfhaus, ein Motorradtreff mit Tradition. Neuerdings auch ein Platz mit einem Brocken von Vier-Sterne-Resort-Hotel.

Während in den bunten Harzer Fachwerkgassen die Hunde Gassi gehen, darf die Rocket ohne Leine wildern. Reinhardswald, Habichtswald — da werden die Reifen nicht kalt. Stoppie vorm Hildfelder Stübchen. Am Tresen ein Sammelsurium Sauerländer Originale. Und reichlich Herrenwitze. Alternative zum Nightlife im 600-Seelen-Nest Hildfeld ist das Halligalli auf der Partymeile von Winterberg, sozusagen der brodelnde Vulkan im Land der tausend Berge.

Als Top of Nordrhein-Westfalen nicht jedem bekannt sein dürfte der Langenberg, 843,2 Meter hoch. Das sind rund 1300 Millimeter mehr als der prominentere Kahle Asten zu bieten hat — und ungezählte Ausflugsbusse weniger. Besonders schön: Von Niedersfeld aus führt, vorbei an leuchtenden Lupinen und manchmal auch an lustigen Wandervögeln, eine geschotterte

Schneise durch den von Kyrill noch gerupften Wald bis zur Hochheide Hütte.

Vom Sauerland quer durch Westerwald und Hunsrück zu Nummer 13 auf der Liste, dem 816,3 Meter hohen Erbeskopf in Rheinland-Pfalz. Die Amis hätten unsere „Rakete" sicher schon längst geortet, damals, als sich unter dem Erbeskopf das Kriegshauptquartier Europa Mitte der NATO befand, multinationale Gefechtsstelle im Kalten Krieg; Radartürme überwachten den Luftraum bis tief hinein in die Sowjetunion. Inzwischen regiert unterhalb des Gipfelplateaus die Kunst, steht dort wie eine hölzerne Absprungrampe die begehbare Skulptur von Christoph Mancke mit dem Titel „Windklang".

Der Klang der Sprache. Er wechselt bei dieser Tour täglich, mehrmals. Das Saarland macht da in fremde Ohren gerne besonders dicke Knoten, was bei unserer Suche nach dem 695,4 Meter hohen Dollberg zu erleben ist. Die größte Erhebung des kleinsten Bundeslands liegt irgendwo im Wald bei Nonnweiler-Otzenhausen und hat weder auf der Karte noch auf einem Hinweisschild Platz gefunden. Leander Laux, Besitzer einer XJR und einer Thunderace, hilft den hartnäckigen Höhenforschern weiter und erklärt, frei übersetzt: Lasst den ollen Dollberg sausen, viel geiler zum Moppedfahren ist der Petersberg bei Braunshausen; oben findet ihr auch eine kleine Sternwarte und eine Gaststätte mit Motorradstammtisch. Merci für den Tipp, Leander. Und Dank auch ans Hotel Parkschenke Simon in Nonnweiler, wo's spätabends zum Zimmer noch Zander gibt; morgens um sechs steht vor der Tür eiliger Gäste freundlicherweise sogar ein Frühstückstablett mit Broten und Kaffee.

Wie braungebrannte Gesichter mit gelbblonden Strubbelhaaren sehen sie aus, die Sonnenblumenfelder zwischen Malterdingen und Bombach. Und wie erwachsen sie klingen, die alten NSU und Horex, die bei Freiamt ihre Sonntagsrunde drehen. Wie obersexy er zum Motorradfahren ist, das zeigt der Schwarzwald nicht nur bei Obersexau: Wie im Rausch kachelt man auf grüngesäumter Achterbahn empor zum 1241,4 Meter hohen Kandel, zwar nicht der höchste, aber einer der gefragtesten Gipfel hier. Pause für Puls und Pupillen am phänomenalen Panorama zwischen St. Peter und St. Märgen. Nicht ganz so weitblickend in der Sitzecke einer Tanke zwei Zecher,

die zum Frühschoppen flaschenweise Bier kippen, Fürstenberg!

Der Feldberg. 1493 Meter, höchster Berg des Schwarzwaldes und von Baden-Württemberg. Die breite B317 über den Feldbergpass käme auch ein Airbus im Rollfeldmodus hoch, oben dann Riesenparkplatz, Skilifte und Hotelkomplex. Fluchtreflex. Noch 304 Kilometer bis zum Ziel. Und einen ganzen Sonntagnachmittag Zeit für den äußersten Süden der Republik, das Voralpenland. Wie schön es dort ist, weiß wohl wirklich jeder. Und will es immer wieder genießen. Besonders sonntagnachmittags. Stop-and-go am Bodensee, wo man sich den 2,3-Liter-Block lieber als Antrieb für ein Powerboot wünscht. Und zum Teufel mit dem Überholverbot nebst Schneckenkarawane auf den Serpentinen vor Scheidegg. Erlösung verspricht der Abzweig nach Siberatshofen. Immer größer jetzt die Berge, sie bauen sich auf wie die Wellen einer stürmischer werdenden See. Und gipfeln bei Garmisch-Partenkirchen in Bayerns und zugleich Deutschlands größtem, der 2962,1 Meter hohen Zugspitze. Wer's zünftig mag, wählt den Höllental-Klettersteig bis ganz nach oben und nächtigt auf dem Gipfelplateau im Münchner Haus des Alpenvereins. Nichts für Zeitschinder wie uns.

Erst wird durchs Übernachten im Eibsee-Hotel — die einzigartige Lage am Fuße der zugigen Spitze fordert Exklusivitätszuschlag — die Spesenabrechnung in die Höhe getrieben, dann sind wir dran, schaukeln morgens um acht in einer Gondel gen Himmel. Immerhin auf den letzten, nur durch ein schwankendes Drahtseil gesicherten Metern bis zum güldenen Gipfelkreuz die Gelegenheit, den Alpinisten zu mimen. Motorradhandschuhe und -stiefel sind durchaus nützlich, auch wenn sich manche Spezies in Badeschläppchen auf die Zugspitze verirren. Windgeschwindigkeit 30—36 km/h, Lufttemperatur dank Chillfaktor gefühlte minus drei Grad. Sonne satt, Sichtweite 180 Kilometer. Sensationell. Irgendwo im Norden liegt der 32,5 Meter „hohe" Friedehorstpark. Im Süden, in der schier endlosen Weite weißgetupfter Berge, lag lange Zeit, nach dem Tod durch einen feindlichen Pfeil friedlich begletschert, Ötzi. Er hatte den Höhepunkt seines Lebens, wenn auch posthum und nur den medialen, noch vor sich. ∎

INFOS

Reisedauer: 6 Tage
Streckenlänge: 3100 Kilometer

Streckencharakter: So abwechslungsreich wie Deutschland, von flachen Alleen im Norden über den Berliner Großstadtverkehr bis hin zu kurvigen Bergstraßen im Voralpenland.

Übernachten: Auch hier lässt sich kaum vorhersehen, wie weit man täglich kommt. Den Summits ganz nah sind Quartiere auf dem Fichtelberg, der Wasserkuppe und der Zugspitze.

Anreise: Den Friedehorstpark in Bremen erreicht man über die A27 Bremen — Cuxhaven, Abfahrt Burglesum.

Adressen:

Bremen:
Friedehorstpark, 32,5 m,
53° 10' 37" N, 8° 40' 23" O

Hamburg:
Hasselbrack, 116,2 m,
53° 25' 49" N, 9° 51' 50" O

Schleswig-Holstein:
Bungsberg, 168 m,
54° 12' 39" N, 10° 43' 26" O

Mecklenburg-Vorpommern:
Helpter Berg, 179,2 m,
53° 29' N, 13° 37' O

Berlin:
Großer Müggelberg, 114,8 m,
52° 25' N, 13° 38' O
(Teufelsberg, 120,1 m,
52° 29' 52" N, 13° 14' 34" O)

Brandenburg:
Heidehöhe, 201,4 m,
51° 23' 6" N, 13° 34' 30" O
(Kutschenberg, 201 m,
51° 21' 55" N, 13° 43' 38" O)

Sachsen:
Fichtelberg, 1214,8 m,
50° 25' 46" N, 12° 57' 15" O

Thüringen:
Großer Beerberg, 982,9 m,
50° 39' 34" N, 10° 44' 42" O

Hessen:
Wasserkuppe, 950,2 m,
50° 29' 53" N, 9° 56' 16" O

Niedersachsen:
Wurmberg, 971,2 m,
51° 45' 24" N, 10° 37' 6" O

Sachsen-Anhalt:
Brocken, 1141,1 m,
51° 47' 57" N, 10° 36' 56" O

Nordrhein-Westfalen:
Langenberg, 843,2 m,
51° 16' 35" N, 8° 33' 30" O

Rheinland-Pfalz:
Erbeskopf, 816,3 m,
49° 43' 50" N, 7° 5' 26" O

Saarland:
Dollberg, 695,4 m,
49° 37' 47" N, 7° 0' 52" O

Baden-Württemberg:
Feldberg, 1493 m,
47° 52' 25" N, 8° 0' 14" O

Bayern:
Zugspitze, 2962,1 m,
47° 25' 16" N, 10° 59' 11" O

Zugspitze

ALPENHITS

Kitzbüheler, Lechtaler, Ötztaler, Stubaier, Tuxer und Zillertaler Alpen —
sechs Hits in Österreich. Mal mit, mal ohne Volksmusik.

Lydia, Max und Goldwing am Plansee

Ob sie wohl früher Deep Purple gehört haben? Made in Japan, Highway Star? I love her, I need her, I seed her ... Wie auf einem güldenen Käfer kommen sie angesummt, Lydia und Max mit ihrer 1500er-Goldwing. 173 Jahre zählen die drei Unermüdlichen zusammen, haben 202.000 Kilometer gemeinsam abgespult. Der blitzblanke Boxer, behutsam eingeparkt zwischen den anderen Motorrädern am Ufer des Plansees, ist nicht nur Reisedampfer, sondern zugleich rollende Disco. Allerdings schwappen heute aus den Boxen des Sechszylinders eher musikantenstadlige Töne als die immerhin auch schon über vierzigjährigen Evergreens der Herren Blackmore und Gillan.

Made in Jura, so könnte man die Entstehung der Alpen vor rund 135 Millionen Jahren auf einen geologisch kurzen Nenner bringen. In der Zwischenzeit hat sich bekanntlich einiges getan. BMW baut erfolgreich Motorräder mit Kette, und die der Alpen in Österreich wurde aufgegliedert in Kitzbüheler, Lechtaler, Ötztaler, Stubaier, Tuxer und Zillertaler Alpen. Was insofern gut zusammenpasst, als die zweirädrige

Protagonistin unserer Geschichte, eine F 800 GS Adventure, zwar weder „a killing machine" noch „a wild hurricane" à la Highway Star ist, dafür aber mit vergrößerter Reichweite und sparsamem Ressourcenverbrauch ideal, um in den Alpen die Lebenskilometerleistung weiter nach oben zu schrauben.

Kein smoke on the water, stattdessen glitzernde Sonnenreflexe auf dem glasklaren Plansee, einem der saubersten Badegewässer Tirols. Da fährst du im Sightseeing-Modus die Reifen doch gerne freiwillig mit 50 warm, auch wenn das entlang des Ufers so verbindlich erscheint wie den DAX-Vorständen die Flexi-Quote. Tauchercamp, Hotelchen und Campingplatz an der Seespitze: welch eine Verlockung, gleich hier vorzeitig zu stranden. Wir widerstehen. Rollen weiter durch Bad Kreckelmoos, sag bloß, und biegen dann von der 179 ab zum Namloser Tal. Und sind schlagartig die Urlauber-Karawane zwischen Reutte und Garmisch los, können hoch nach Berwang die Gummis endlich artgerecht temperieren. Beim Boxenstopp im Cafe Mirabell angesichts einer köstlich kreativen Tellerland-

schaft die spontane Idee, die Reise zur Apfelstrudeltournee umzufunktionieren. Ach Adventures, was könnten wir ohne grenzwertiges Gesamtgewicht nur schlemmen.

Auf Anpreisung ausnahmsweise mal verzichten kann wohl das Namloser Tal, ob seiner genial kurvigen Streckenführung hoch gelobt und euphorisch beschrieben in diversen Alpen-Foren. Was auch fürs Hahntennjoch gilt, nach kurzem Intermezzo durchs Lechtal unser nächstes Highlight. „Die Strecken hier kennen sie alle, Geheimtipps für Motorradfahrer gibt's keine mehr", erklärt in Bschlabs die Wirtin vom Gasthaus zur Gemütlichkeit. Das perfekte Basislager, um, am besten abends wie morgens, das Hahntennjoch zu stürmen, mehr oder weniger gemütlich.

„Die machen den ganzen Asphalt kaputt, die Harleys mit ihren in den Kurven kratzenden Trittbrettern", konstatiert mein aufmerksamer Begleiter beim Frühsport. „An schönen Wochenenden kann die Befahrung des Hahntennjochs aber nur sehr nervenstarken Radlern empfohlen werden, da dann alle Motorräder, Cabrios, Sportwägen und sonstigen Ärgernisse des

süddeutschen Raumes in Karawanen dröhnend hinüber donnern. Befährt man das Joch aber zu anderen Zeiten, so ist es ein sehr zu empfehlender Pass", kommentiert Autor Jan auf quaeldich.de. Nicht minder beredt, was sich immer mal wieder verewigt findet direkt auf dem Asphalt: Giftgrüne Striche, wo fehlender Grip oder Grips zum Gips führten, manchmal auch zum Gottesacker. Aufheiterung gefällig? „Putz dein Visier, dann siehst du jedes Tier!" Und mit diesem selbstgemalten Schild neben dem Imbiss-Wagen am 1894 Meter hohen Pass soll es jetzt enden, das Hallelujah aufs Hahntennjoch.

Im Sturzflug über die karge, steinschlaggefährdete Ostrampe tausend Meter hinab nach Imst und ab da via Landeck durchs Inntal Richtung Reschenpass. Kein ungetrübter Spaß, ist dies doch wegen der Verbindung mit dem Fernpass eine der Hauptrouten nach Südtirol. Da hilft nur was? Genau, das Seitental, besser noch das Stichtal: kein Durchgangsverkehr, aber viel Natur und Ruhe, fast wie im Polarmeer. Okay, in 20 Jahren, wenn die Polkappen weiter so schmelzen und Grönland gänzlich ergrünt.

„Eisberg voraus" ist jedenfalls das Motto für die Kaunertaler Gletscherstraße. Erst fängt es ganz flach und lieblich an, dann geht's hoch zum Gepatschstausee, hinter dem sich plötzlich die vergletscherte Weißseespitze auftürmt, Wächter über 29 Serpentinen bis zum Gletscherrestaurant auf 2750 Metern. 13 Euro Maut kostet der Trip — ein Spottpreis im Vergleich zu einem Touristenticket in die Antarktis. Und Abenteuer gibt's auch hier: Beim Abtrieb der Krafträder besteht zwar keine Gefahr, vom Eis eingeschlossen oder gar zerquetscht zu werden, wohl aber die, in den strudelig-strulligen Strom von 500 Rindviechern zu geraten, die es ebenfalls geschäftig nach unten zieht und die, Kuhllisionen vermeidend, muhtig zu umkurven sind.

Gleich den nächsten Stich macht das Pitztal. Nix Spektakuläres, nur 40 Kilometer kontemplativer Kurvenswing. Auch mal schön. Zeigen, wie hoch er kann, darf zum Abschluss des Tages im oberen Abschnitt des Ötztals der dritte Gang der 800er. Wer will schon zu spät kommen, wenn auf der Agenda das Vitalhotel Mühle in Obergurgl steht. „Suchst du Gottes Spur,

folge uns in die Natur", wird der Gast von einem Wandspruch im Entree begrüßt. Und an der Rezeption überrascht von Chefin Magdalena Gstrein, die am liebsten im Abt Audi RS3 mit 420 PS nach Hochgurgl schmirgelt. Ihr Tipp für morgen: das Sulztal! Vorher natürlich das quasi über der Hoteltür liegende Timmelsjoch.

Sonntag in der Früh: Sechs leicht übernächtigte Kollegen sind mit ihren Motorrädern für kleines Geld im Sammeltransporter aus Ostwestfalen angereist, gar nicht so unschlau, und wollen sich revitalisieren vor der Party in Faak; ein Wanderpärchen marschiert los zum Festkogel, Glück Auf; über allem fetzen sich am Himmel Grau und Blau. Start frei zum Timmelsjoch, Grenze zwischen Österreich und Italien. 14 Euro (hin und retour) kostet der Spaß, den bis zur Neige, sprich bis nach Sankt Leonhard in Südtirol, auszukosten wir uns diesmal verkneifen. Glänzen kann das 2509 Meter hohe Joch bei sieben Grad plus und null Sicht nur mit dem pink gefärbten Schopf einer Gore-Tex-Lady in Black. Ungleich heißer ein paar Etagen tiefer Sölden, Wintersport-Epizentrum mit Tabledance-Location,

Hahntennjoch abends

Serpentinen am Timmelsjoch

Paraglider über dem Zillertal

Hahntennjoch morgens

v. l.

Rodelhütte, Rockbar Black&Orange und allem Skipapo.

Maria Hilf, Gamskogel, Mutterberg, Panorama, Winnebach — die Kehren im Sulztal hoch nach Gries sind nicht nummeriert, sondern getauft auf Namen mit lokalem Bezug. Kurvenkratzen als moderne Form des Rosenkranzbetens. Auch im Gasthof Alpenfriede weht der Wind of Change: An der Wand die alte Wirte-Weisheit „Stimmt die Suppe, stimmt die Stimmung", am Tablett eine fesche Servierkraft, oben Dirndl, an der linken Wade ein Tattoo.

Ganz auf landschaftliche Reize der Stubaier Alpen fokussiert der Adventourist in Nedertal und Sellraintal, einer wenig befahrenen West-Ost-Verbindung über den Kühtaisattel. Als Puls-beschleuniger im Skigebiet Axamer Lizum ein verwaister Großraumparkplatz, auf dem man es beim Kreisbahnfahren ordentlich brennen lassen kann.

Apropos: Den Brenner sein lassen oder ihn als schnelles, teures Übel wählen? Wir entscheiden uns für einen Kompromiss, komplettieren mit Unterberg- und Gschnitztal erst unsere Stich-straßensammlung, dabei kurz der Stubaier Gletscherbahn die Ehre gebend, bevor es dann doch von der 182 ab auf die parallele Bren-nerautobahn geht und endlich rein ins Zillertal. Ende eines langen Tages. Und der Beginn einer langen Freundschaft?

Das Zillertal. Die Schürzenjäger. Klischees hoch drei. Wie Route 66 und Steppenwolf, nur

Herta Fankhauser von der Hirschbichlalm

Kaunertaler Gletscherstraße

genau andersrum. Born to be old. Nun, wild geht es im Hotel Wöscherhof, unserer Anlaufadresse in Uderns, wirklich nicht zu. Eher distinguiert, hier ein bisschen Feng Shui, da etwas Immanuel Kant: „Nur das fröhliche Herz ist fähig, Wohlgefallen am Guten zu finden." Dazu gibt's eine ganze Flut an Tourentipps. Tuxertal, Schlegeistal, Stillupptal — ganz egal, auf ihre Art sind sie alle phänomenal. Doch die schönste im Lande ist, findet zumindest der Chronist, die Zillertaler Höhenstraße.

Nur für Fahrzeuge bis 30 Sitzplätze — standing ovations fürs Schild am Einstieg zur Zillertaler Höhenstraße bei Ried. Ursprünglich erbaut zur Bewirtschaftung der Almen, hat sie sich zu einer Panoramastraße par excellence gemausert. Gnadenlos steil schraubt sich das schmale Band aus dem Tal empor, überwindet knapp 1500

Höhenmeter. Ein Wheelie-Paradies selbst für fette Reiseenduros. Ein günstiges übrigens, denn mit fünf Euro für die 50 Kilometer bis Hippach ist das Preis-Panorama-Verhältnis echt topp. Doch was sind schon schnöde Zahlen. „Komm bitte nicht, sonst verlieb' ich mich nur wieder in dich", boxt es aus der Kaltenbacher Schihütte. No Mercy. Ebenfalls zum Einkehrschwung bittet einen Schneeballwurf weiter der Almgasthof und Biker-Treffpunkt Zirmstadl.

Der Hit aber ist die Hirschbichlalm. Eigentlich hatten wir da ja nur mal so angehalten, Panorama gucken und so — was eine wahre Lawine auslöst. „Ich bin die Mutter vom Reinhard und Peter, und auch von der Doris. Und die Frau vom Friedl." Ich komme ganz durcheinander, sondiere erst peu à peu die Lage. In der Hirschbichlalm sind

die Zillertaler Haderlumpen zu Hause, fetzige Volksmusikanten und Grand-Prix-Sieger. Dass ich mich schließlich nicht lumpen lasse, zwecks musikalischer Nachrecherche von der fidelen Herta Fankhauser statt einer CD ihrer Söhne eine vom Zellberg Duo zu erwerben, liegt nur daran, dass die Scheibe den Titel „Zillertaler Höhenstraßenfahrt" enthält. Und dass, schräg gegenüber der Hirschbichlalm, das Zellberg Stüberl die Heimat der Zellberg Buam ist, liegt nicht zuletzt daran, dass im Zillertal rund 200 solcher Kapellen musizieren. Alles klar? Wer Ruhe will — oder den Adrenalinkick: Die steilen Hänge des Zillertals sind ideale Startrampen zum Paragliden und Drachenfliegen.

Fliegen lassen kannst du es auch auf der 165 über den Gerlospass nach Mittersil. Gerlo-Spaß

Reisedauer: 4 Tage
Streckenlänge: 1300 Kilometer

Streckencharakter: Kurvige Berg- und
Passstraßen, darunter Klassiker wie
Hahntennjoch, Timmelsjoch und Gerlospass,
aber auch weniger Bekanntes wie Kaunertaler
Gletscherstraße und Zillertaler Höhenstraße.

Besonderheiten: Mautpflicht auf etlichen
(privaten) Panoramastrecken.

Übernachten: In einer gut erschlossenen
Ferienregion wie dieser findet sich eigentlich
immer ein passendes Quartier, spontan unterwegs oder vorsorglich schon von zu Hause aus.
Wer besonders viel Ruhe sucht, probiere es
mal hoch über dem Zillertal oder im Heutal.

Anreise: Zum Plansee geht's auf der A95 bis
zum Autobahnende bei Eschenlohe und weiter
über Ettal und den Ammersattel.

Adressen: www.austria.info

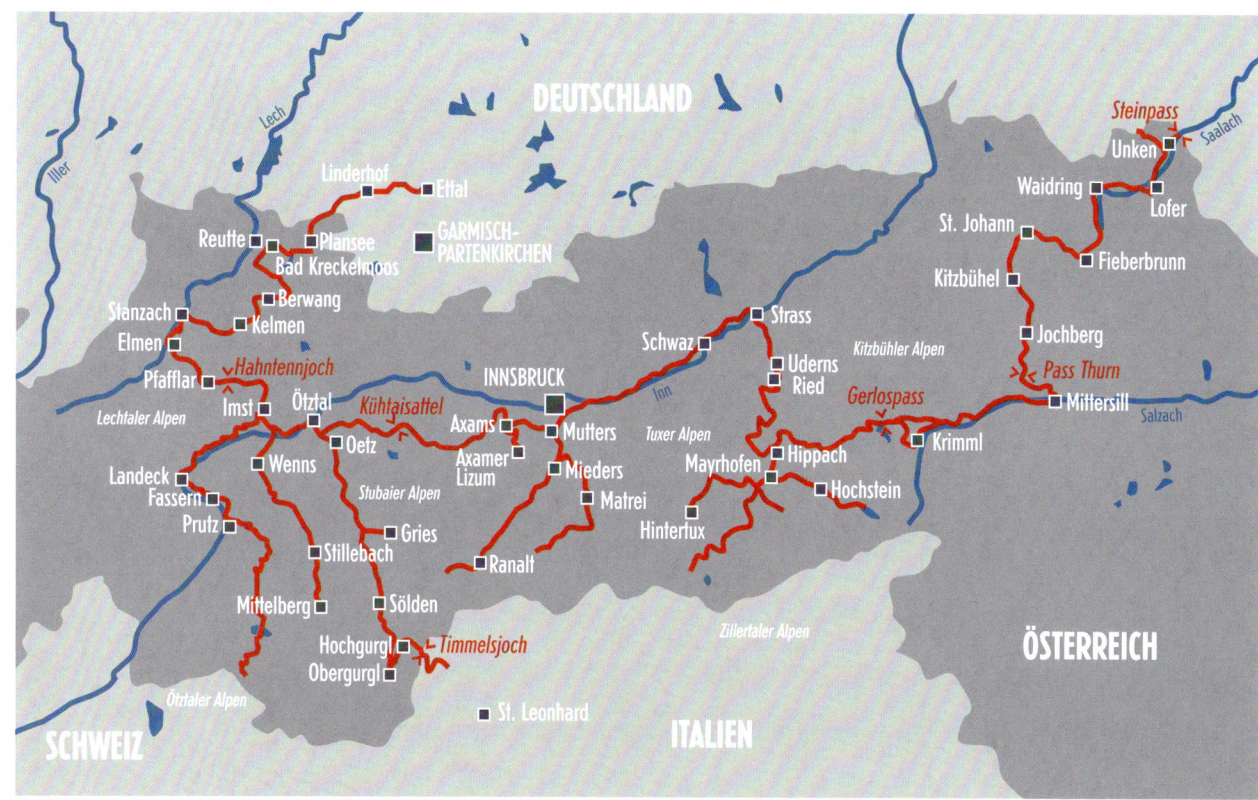

für 5,50 Euro. Wer unter Serpentinenallergie
und Krimmler Wasserfallscheu leidet, hat mit der
Nebenstrecke via Vorderwaldberg eine dufte Alternative. Volle Pulle dann die Devise in Kitzbühel,
wo auf der Streif die Skirennläufer bis zu 145 Sachen machen. Oder spektakuläre Abflüge. Eine
kommode Landung verspricht das ritterburgige
Schlosshotel Rosenegg in Fieberbrunn.

Von einer motorradaffinen Mitarbeiterin
nicht nur das lachende Geständnis, ab und zu
schimpfen zu müssen, wenn sie ihrem Freund
beifährt und der mit der Triple zu sehr speeded,
sondern auch eine Empfehlung: das Heutal.
Heureka. Nichts gegen den pittoresken Piller-
see und die tolle Teufelsklamm, letzte markante
Stationen vor dem Steinpass und der Grenze
nach Deutschland. Aber das Heutal, Abzweig in

Unken, ist einfach zum Heulen schön. Zen und
die Kunst, das Motorrad warten zu lassen. Zum
Beispiel während einer Runde Bogenschießen
beim Heutaler Hof, am Ende des gelbgetupften
Wiesenteppichs.

Ende des Konzerts? Zugabe muss sein!
So zieht's mich noch mal zurück zur Zillertaler
Höhenstraße und der Hirschbichlalm, wo's auch
einfache Gästezimmer gibt. Und zum Frühstück
auf der Panoramaterrasse eine von Friedl kreier-
te, von Doris servierte Komposition aus Spie-
gelei und Speckstreifen — letztere das Gelbe
umkränzend wie Strahlen die Sonne. Here comes
the sun. Beim Packen läuft zufällig von Sinéad
O'Connor das Musikvideo Nothing Compares
2 U. Und es sind keine sieben Stunden und
fünfzehn Tage vergangen, da kommt die CD vom

Zellberg Duo in den heimischen Player:
A so a Zillertaler Höhenstraßenfahrt
Ist ein Erlebnis von ganz besondrer Art
Man muss des gsehn haben
Man muss da mitsein gfoarn
Dass man es dann zu Haus erzählen kann.

Naja, so oder so kann festgehalten werden:
In den österreichischen Alpen sind wir dem
Himmel eindeutig näher gekommen und werden
manche Orte auch mit 70+ als Highway-Senioren
gerne wieder besuchen. Im Ohr dann aber wohl
immer noch, ganz Kinder unserer Zeit, kaum
Schunkeliges aus dem Zillertal — eher Unsterbli-
ches wie Led Zeppelins Stairway to heaven. ■

NIEDERÖSTERREICH: BUCKLIGE WELT

BUCKELPISTEN

Spätestens seit Quasimodo, dem Glöckner von Notre-Dame, wissen wir: Keine

Angst vor Buckeln, ganz im Gegenteil. Das bestätigt sich auch und gerade südlich von

Wien in der Buckligen Welt. Das „Land der tausend Hügel" ist ein feines Fleckchen

Erde abseits großstädtischer Hektik, das man schnell ins Herz schließt — besonders

als Nicht-Gebückter am Lenker eines eher entschleunigt bewegten Motorrades.

Kammsträßchen bei Tiefenbach

Panoramastraße
bei Stang

Abfahrt 66 von der A2 Wien — Graz, und funkensprühend wie eine Kringel an den Himmel malende Silvesterrakete strebt die Switchback durch die Serpentinen von Grimmenstein hoch nach Kaltenberg, nimmt mit ihren den Asphalt kosenden Trittbrettern sofort innigen Kontakt auf zur Buckligen Welt. Eine Stunde später treffe ich in der gemütlichen Gaststube des Hotel Post in Kirchschlag den überaus ortskundigen Heinz Sattler und komme beim Briefing kaum mit dem Notieren all der Streckentipps hinterher — „weil's hier so irrsinnig lieb ist zum Fahren". Da der heitere Heinz Dampf in allen Gassen als Versicherungsberater selbstredend noch andere Klienten zu betreuen hat, spielt dann für die nächsten Tage Josef „Pebo" Staab, pensionierter Schuldirektor und passionierter Harley-Fahrer, den einheimischen Lotsen.

Kaum haben sich Switchback und Road King die Müdigkeit aus den Kühlrippen geschüttelt und Kirchschlag mit sattem Schlag verlassen, werfen wir in Lembach vorm Gasthaus Stöcker schon wieder Anker. Seniorchefin Hertha hat bereits 1959 die Lizenz zum Biken erworben, und auch Tochter Gerda, die für ihre raffinierte Wirtshausküche gerühmte „Kräutergerda", dürfte und würde am Gasgriff drehen, wenn der vollgestopfte Tagesplan sie denn nur ließe. Bei einer Melange ein

Mostäpfel
im Zöbernbachtal

Zweihaubenkoch
Uwe Machreich

paar Anekdoten aus der Zeit, als Gerda bei Pebo und Hertha bei dessen Vater in die Schule gingen, ja ja, klein ist hier die Welt, und dann „Servus, kommt's bald mit einer Gruppe Motorradler wieder".

Wiederkommen: Das kann im Land der tausend Hügel leichter passieren als gedacht, zumindest denen, die nicht akribisch eine Route austüfteln, um bloß keine Strecke zweimal zu fahren. Aber noch gehen dem Auge hinter jeder Biegung neue Motive ins Netz, sodass wir fast froh sind übers etwas diesige Wetter; das lässt zwar den Schneeberg in den nahen Wiener Alpen nur erahnen, reduziert aber die Zahl der Fotostopps auf ein fahrspaßkompatibles Maß.

Wie geschaffen fürs feinmotorische Feilen am Metall — und davon haben unsere Dickschiffe unterrum reichlich — das geniale Geschlängel nach Blumau. Wenig später in Wiesmath steil bergab durch Hölle, bei winterlichem Eis und Schnee sicher kein himmlisches Vergnügen. Wer Freude hat an der besterhaltenen keltischen Wallanlage Österreichs, findet selbige in Schwarzenbach. Neuere Geschichte geschrieben wurde in Hochwolkersdorf, wo der Gedenkraum 1945 daran erinnert, dass hier am Ende des Zweiten Weltkrieges Verhandlungen mit den Sowjets den

Grundstein legten zur Wiedergeburt Österreichs in den Grenzen vor Kriegsbeginn. Erwähnung hätten Schwarzenbach und Hochwolkersdorf aber auch ohne das verdient: Beide Orte sind miteinander verbunden durch die wohl fotogensten Serpentinen der Buckligen Welt.

Gar nicht so einfach, immer neue Formulierungen dafür zu finden, wie sich die Sträßchen kurvenreich und geradezu symbiotisch an die prachtvollen Rundungen von Mutter Natur schmiegen. Angesichts solch perfekter Geophysiognomie kann es dem je nach Schräglagenfreiheit seines Gerätes mehr oder weniger stark geneigten Eisenreiter verdammt schwerfallen, zur Besichtigung touristischer Attraktionen wie der imposanten Burg Forchenstein am Fuße des Rosaliengebirges mal kurz innezuhalten. Denn wer hat schon Lust auf Curvus interruptus?

Der Mensch lebt nicht allein von Luft und Liebe. Erst recht nicht um die Mittagszeit, wenn die Gegend gespickt ist mit den für die Region so typischen Heurigen. Ein Schlenker durch Neudörfl — alles so modern hier — und dann rasch weiter nach Katzelsdorf, was sich doch gleich viel schmusiger anhört. Dort hat der Genussbauernhof Böhm zwar Ruhetag, aber auch beim Döller verlässt der Gast dank Schmankerln aus eigener Schlachtung das Lokal nicht hungrig.

„Es ist wunderschön da, wo wir gleich langfahren, lauter kleine Orte; Stifte wie an der Donau gibt's hier keine, dafür aber viele Wehrkirchen", stimmt Pebo auf den Nachmittag ein. Da muss ein geschichtlicher Exkurs jetzt einfach sein. Als nach dem Fall von Konstantinopel 1453 die Osmanen gen Mitteleuropa und Wien vorrückten, verstärkten die Bewohner der Buckligen Welt zum Schutz vor marodierenden Truppen die Mauern ihrer Kirchen. Hinter diesen konnten sich hunderte von Menschen wochenlang verschanzen; aus eigens dafür angelegten Brunnen gab's Wasser, aus Schießscharten und Pechnasen was für die Angreifer auf die Mütze. Mehr dazu auf der 98 Kilometer langen Wehrkirchenstraße zwischen Katzelsdorf und Edlitz.

Aber auch sonst wusste man sich gegen Unbill zu schützen. Noch 1880 beispielsweise kämpfte die Bevölkerung gegen den Bau einer Straße von Kaltenberg nach Grimmenstein und wehrte sich damit bauernschlau gegen die obligatorische Abgabe des Zehent, die damalige Steuer. Diesen konnte der zuständige „Finanzbeamte" infolge der schlechten Wegverhältnisse nämlich einfach nicht wegbringen.

Die Spätfolgen dürfen wir heute genießen: eine verkehrstechnisch paradiesisch anmutende Lage fast frei von breit ausgebauten Bundesstra-

Schloss Krumbach

Gasthaus Stöcker in Lembach

ßen. Manche Nebenstraßen gehen in unasphaltierte Güterwege über, auf denen unsere Kolosse ihre Offroad-Qualitäten demonstrieren können. Apropos: In Kirchschlag finden nicht nur im Fünfjahresturnus Passionsspiele statt, sondern auch alljährlich Läufe zur österreichischen Motocross-Staatsmeisterschaft.

Per Rolls-Royce oder Helikopter reisen manche Gäste des Triad an. Das umgebaute ehemalige Stallgebäude oberhalb von Bad Schönau ist die gastronomische Topadresse der Buckligen Welt, geführt von dem mit zwei Gault-Millau-Hauben geadelten Uwe Machreich und seiner Frau Veronika. Der 41 Jahre alte Wirt bleibt aber auf dem Teppich: „Man kann nicht mit einem Hintern auf zwei Kirchtürmen sitzen." Augenzwinkernd lehnt er die sicher gewinnträchtige Installation von Zweigniederlassungen seines Feinschmeckertempels ab und rührt dabei eine auf dem Herd köchelnde klassische Rindersuppe um.

Doch bloß keine Schwellenangst. Durchgeschwitzte Radfahrer mit Appetit auf eine deftige Stärkung zählen ebenso zum Publikum wie Leute im Businessdress, die ein siebengängiges Tatütata-Menü zelebrieren und anschließend vielleicht noch zur hauseigenen Golfanlage entschwinden. Wer mag, kann im Triad sogar Kochkurse belegen.

Wir belegen jetzt die bequemen Fauteuils der Milwaukee-Mobile und cruisen zum Schloss Krumbach, beliebt als Hochzeitshotel. In Ermangelung geeigneter Begleitung respektive aufgrund individueller Lebensumstände bleibt's bei einer Ehrenrunde durch den Schlosshof. Eine flüchtige Liaison zumindest mit dem Tresen beschert uns kurz danach das Gasthaus Buchegger in Tiefenbach. Das Haus ist seit 170 Jahren fest in der Buckligen Welt verwurzelt — reichlich Stoff für Schmäh zwischen Zapfhahn und Kaffeetasse. Heidemarie Buchegger, die Chefin, ist jedoch von zurückhaltendem Naturell und ihr redseliger Gemahl heute im Wald, sodass uns relativ schnell wieder die sonoren Stimmen der Big Twins unterhalten.

Never stop a running Kolben. Auch nicht für Stutenmilch und Edelbrände, die an der durch ein breites Wiesental nach Zöbern wieselnden Straße plakativ beworben werden. Wir müssten den flüssigen Swing unterbrechen, also bleibt nur der Versuch, en passant ein paar Mostäpfel von den übervollen Zweigen dicht am Fahrbahnrand zu pflücken.

Schripp schrapp schrupp — never stop serpentinendes Schwermetall — berg hoch und wieder runter durchs waldige Zuhause von Wildschwein und Co., bis die Hatz vorübergehend Unterbrechung findet in Aspang-Markt. Fans

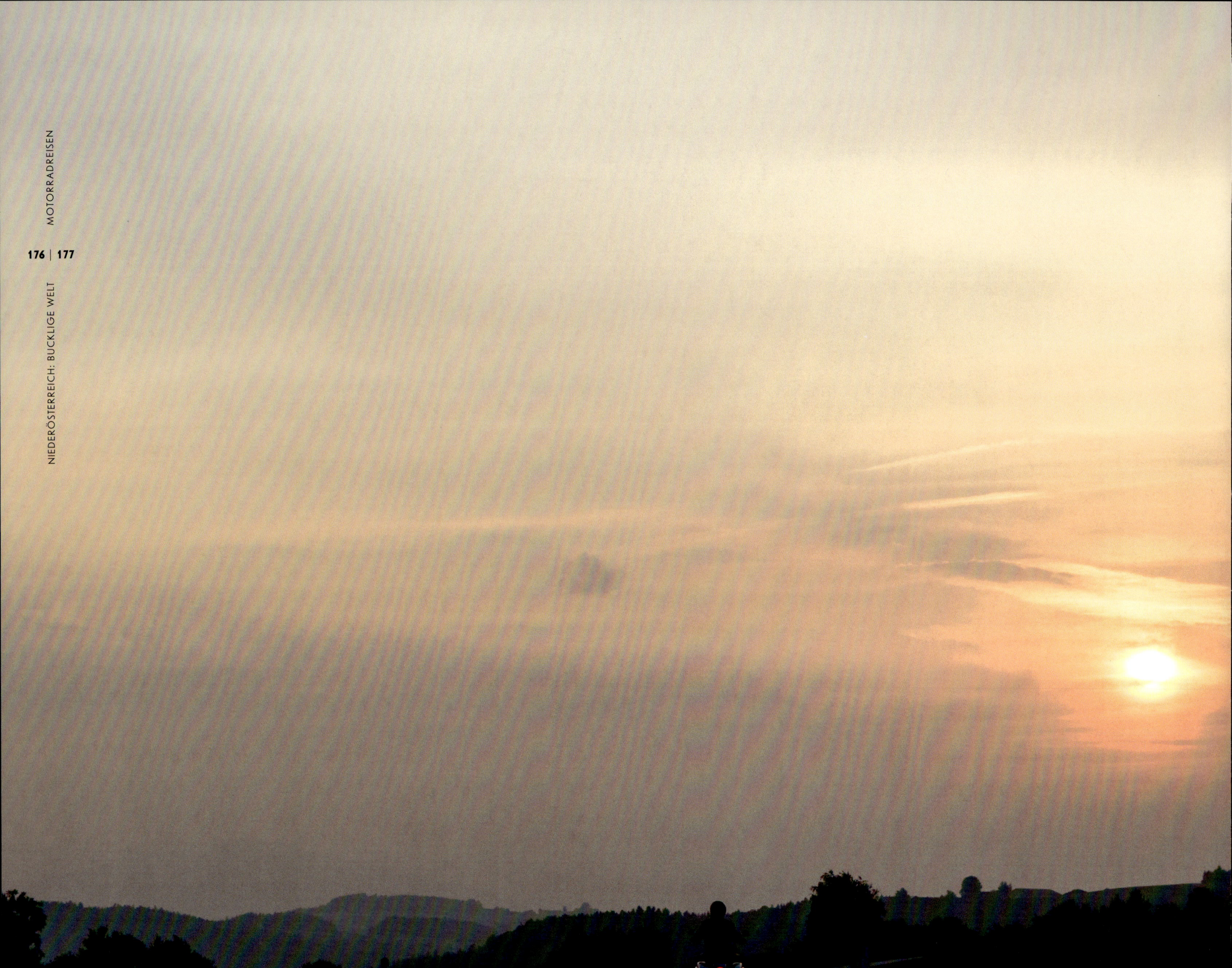

historischer Zugverbindungen wissen vielleicht, dass der Ort an der nie vollendeten Eisenbahnlinie Wien — Saloniki liegt, Freunde kraftfahrzeugtechnischer Raritäten sollten einplanen, dass das Aspanger Automobilmuseum nicht täglich geöffnet hat, und wer auf schräge Café-Restaurants steht, gehe einfach mal ins Höller.

Immer höher geht's nun durch die Wintersportgemeinde Sankt Corona und Kirchberg am Wechsel zum Feistritzsattel, mit 1298 Metern höchster Punkt der Buckligen Welt und zugleich Grenze zur Steiermark. Die Wolkengrenze liegt heute deutlich niedriger — ein schaueriger Schrei nach spontaner Kursänderung. Die Belohnung: Ein Konzert für drei Posaunen — der Switchback hat man eine Tröte wegrationalisiert — beim Sturm auf die 842 Meter des Ramssattels. Kontemplative Stille, begleitet von thermomechanischem V2-Knistern, jenseits des Sattels bei einer In-der-Wiese-liegen-und-das-Gras-wachsen-hören-Pause

mit Fernblick auf Sonnwendstein und Großen Otter.

Großes Schwein hatte in Friedersdorf eine Linde, in die Mitte der 1970er Jahre der Blitz eingeschlagen hat. Der Baum fing Feuer und konnte nur äußerlich gelöscht werden, innen glomm es weiter. Bis der Mann der Haselbacher Maria, sie erzählt uns die Geschichte, eine Art Fenster ins Holz schnitt, sodass sich nun die intrastammöse Glut bekämpfen ließ. Und wenn sie nicht gestorben ist, die Linde, dann summt und brummt es noch im nächsten Frühling rund um ihre prächtig blühende Krohne.

Nur zwanzig Stunden zu warten gilt es, ehe ein trockener Nordwestwind die Wolkendecke aufreißt und uns wie zwei Hummeln, deutlich temperaturunempfindlicher übrigens als Bienen, im zweiten Anflug zum Feistritzsattel brummen lässt. Der Pass entpuppt sich als graue Maus, also Flucht nach vorne und weiter zum Pfaffensattel.

Der ist schon inspirierender, auch die Federung komprimierender: zernarbter Restasphalt wie das zerfurchte Gesicht einer hundertjährigen Kirchgängerin.

Semmering, Gloggnitz, Burghotel Kranichberg, Penk — und peng oder auch ping flippern wir wieder mitten durch die Bucklige Welt. Was wie bei einer Serie von Freispielen permanent zu leuchtenden Augen und Bremslichtern führt. In Kuhberg auch zum cholerischen Bellanfall eines Hofhundes, der vermutlich weder Pinball noch Switchback je gesehen hat. Und wäre das Bike ein Bello, würde es wohl ob der appetitlichen Straßenhäppchen zwischen Hochwolkersdorf und Bromberg sowie Hollenthon und Spratzeck vor Freude mit dem Schwanz wedeln. Versuchte sich das Krad gar als Literat, würde es womöglich schwärmend reimen: Die hübsche Querverbindung von Stang nach Aigen solltest du ebenfalls nicht meiden.

Freitagmorgen. Pebo zieht es zur Harley-Party nach Faak, mich noch nicht wirklich nach Hause. 9 Uhr Abfahrt in Kirchschlag, um 14 Uhr bin ich Luftlinie erst 20 Kilometer weitergekommen, will kaum ein Ende finden im liebgewonnenen Knäuel all der kleinen und kleinsten Straßenfäden. Nochmal die Serpentinen bei Tiefenbach um Blumau, die Wallfahrtskirche Maria Schnee in Kaltenberg und das Windrad bei Lichtenegg, am Spratzbach entlang durchs Tal der sieben Mühlen und, und, und. So langsam sattgefahren kommt in Thernberg das Landgasthaus Thaler wie vom knurrenden Magen gerufen. Es gibt Spinat-Hühner-Roulade mit Kartoffelbällchen und Schwammerln an leichter Buttersauce — nicht zuletzt ein optischer Genuss und damit auch auf dem Teller eine Art Bucklige Welt. ∎

INFOS

Reisedauer: 3—4 Tage
Streckenlänge: 600 Kilometer

Streckencharakter: Ein dichtes Geflecht kleiner und kleinster Straßen durch hügeliges Bauernland.

Besonderheiten: Ausgeprägte Wirtshauskultur, bei der allenfalls Vegetarier (noch) nicht so ganz auf ihre Kosten kommen. Fledermäuse mögen die Hermannshöhle bei Kirchberg am Wechsel, größte Tropfsteinhöhle Niederösterreichs (www.hermannshoehle.at). Die größten Dioramen Österreichs präsentiert die Zinnfigurenwelt in Katzelsdorf (www.zinnfigurenwelt-katzelsdorf.at). Die Hexenverfolgung thematisiert der „Bromberger Hexenweg" (www.bromberg.at).

Übernachten: Das „Land der 1000 Hügel" misst nur rund 40 Kilometer im Durchmesser, da genügt ein festes Quartier (z. B. in Kirchschlag, Krumbach oder Otterthal), so schade es um die anderen auch ist.

Anreise: Auf der (mautpflichtigen) Autobahn erst Richtung Wien, dann auf der A2 gen Graz bis zur Ausfahrt 66 Grimmenstein.

Adressen: www.buckligewelt.at

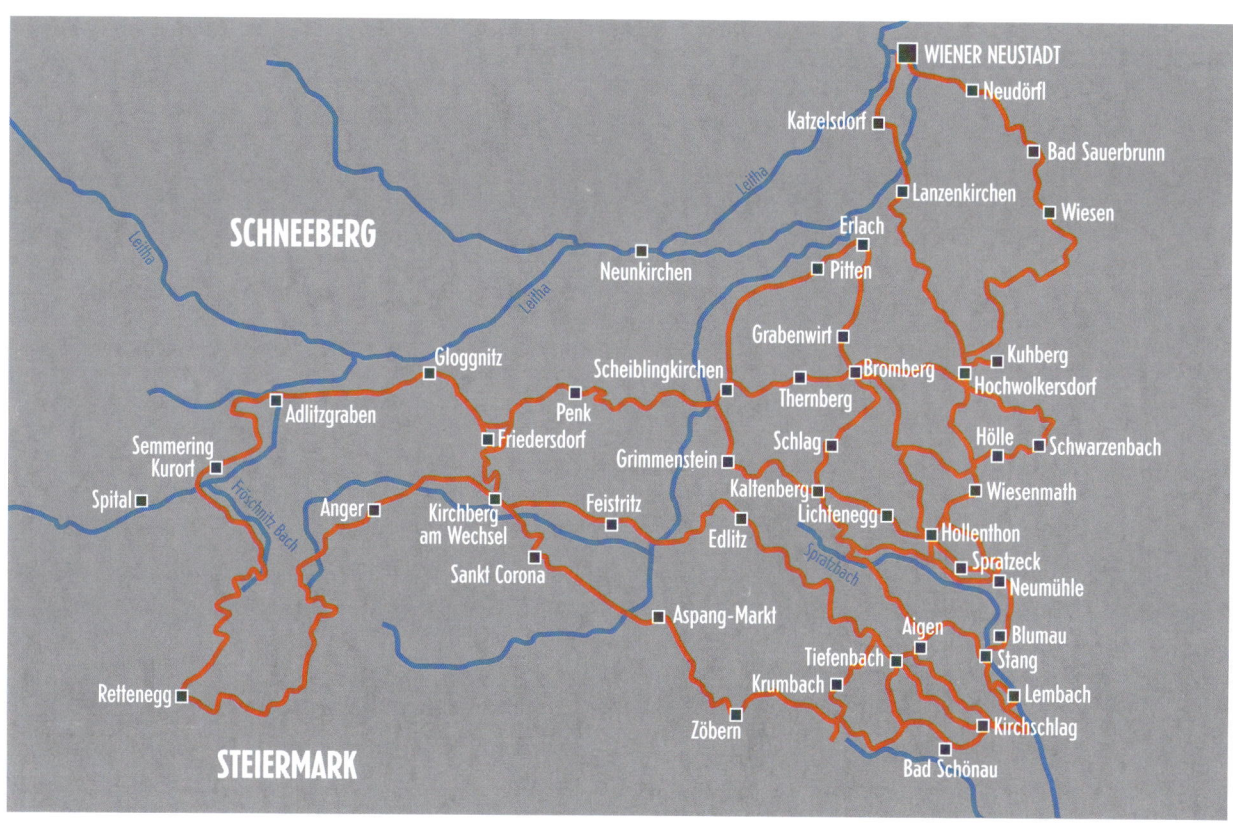

KLÖSTERREICH

ORA ET MOTORA

Klösterreich — unter diesem plakativen Label laden 18 Klöster im Osten der Alpenrepublik ein zu kontemplativen Urlaubstagen in sakralen Mauern. Ein keineswegs weltfremdes Vergnügen, zumal, wenn Exkursionen per Motorrad anstehen, etwa ins Waldviertel oder in den Wienerwald.

Stift Göttweig

Wegekreuz bei Adamstal

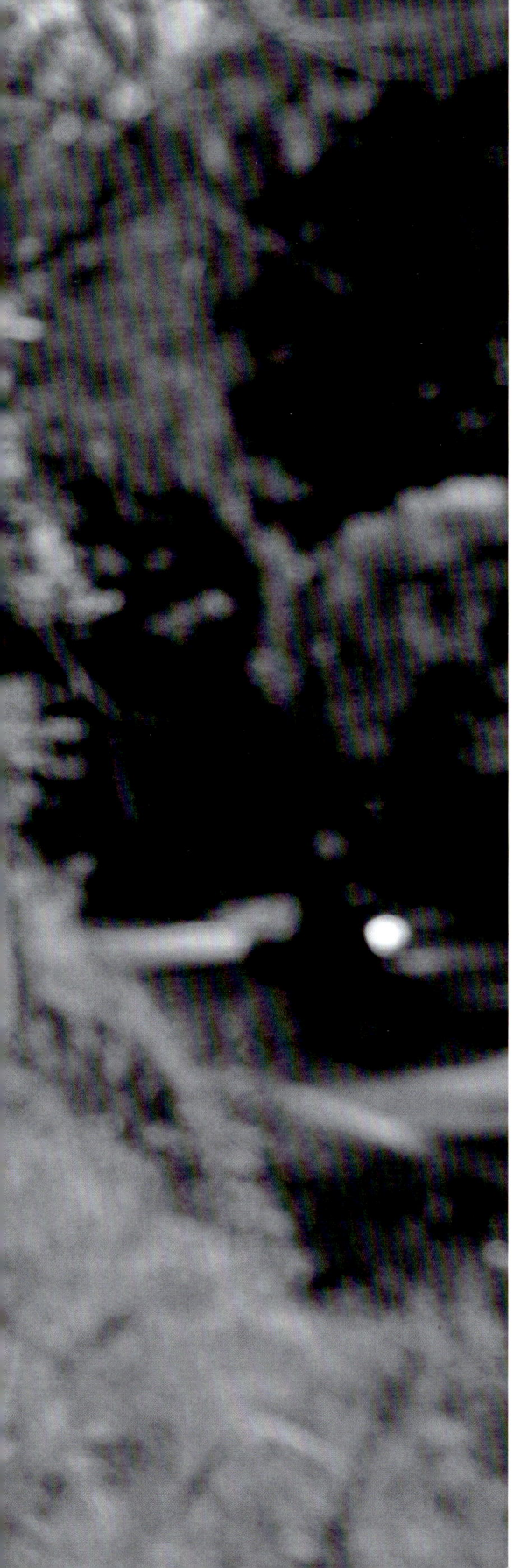

Zimmer 18. Schmales Bett, Muttergottes, Kruzifix, die Bibel. Kein TV für den MotoGP heute im nahen Brünn. Aber ein grandioser Blick auf den Innenhof meines Quartiers für die nächsten Tage, das Stift Göttweig. Hoch über der Donau gelegen, wird die barocke Klosteranlage gerne verglichen mit dem italienischen Montecassino. Dort, wir erinnern uns vielleicht, gründete 529 Benedikt von Nursia den Benediktinerorden, dessen Regel „ora et labora" (bete und arbeite) zum Erfolgsrezept wurde. Wohl nicht zuletzt, weil die exzessive Askese manch anderer Orden vermieden und maßvoller Genuss toleriert wurde. So dürfte es ganz im Sinne Benedikts sein, dass auf dieser Reise neben Einblicken ins monastische

Leben auch der zutiefst irdische Spaß am Motorradfahren nicht fehlen soll.

Echt schwer, morgens von Göttweig loszukommen — was aber, um solchen Verdacht gleich auszuräumen, nicht an Versuchen der Missionierung oder Indoktrination liegt. Sondern an der Frühstücksterrasse mit prima Fernsicht. „Noch'n Kaffee bitte." Endlich los und über ein paar Serpentinen hinein ins hügelige Rebenmeer rund um Göttweig, dem eines der ältesten Weingüter Österreichs gehört. Der Besitz von Land und Vermögen ist es übrigens, wodurch sich ein Stift meist vom Kloster unterscheidet.

Der 1200er-Boxer schnurrt vor Vergnügen, stets bereit, aus scheinbarer Lethargie zu erwa-

Stift Melk

chen und auf eine leckere Kurvenkombination zuzuschnellen wie die Zunge eines Chamäleons auf die Beute. Durch den Dunkelsteiner Wald lenken wir die Kräder zur Pfarr- und Wallfahrtskirche Maria Langegg. Im Klosterstüberl serviert heute Anita Wegner. Die Pferdeschwanzträgerin könnte auch Lara Croft doubeln; na ja, zumindest in jeder Studentenkneipe eine gute Figur abgeben. Brüder und Schwestern des Klosters kriegt Anita alias Lara allerdings kaum zu Gesicht. Times are changing. Wie die Motorradszene klagen Orden über fehlenden Nachwuchs. Immer weniger Menschen legen das Gelübde von Armut, Keuschheit und Gehorsam ab, sodass sich das klösterliche Bodenpersonal immer mehr aus Laien rekrutiert, die den wirtschaftlichen und touristischen Betrieb auf Trab halten.

Nur ein paar Kurbelwellenumdrehungen von Maria Langegg entfernt liegt in einem engen Tal die ehemalige Kartause Aggsbach, genutzt heute als Pfarrkirche. Ein kleines Museum mit einer kargen Mönchszelle erinnert an das extreme Leben der Kartäuser, die in absoluter Stille und Einsamkeit den Weg zu Gott suchten. Nun, seit einiger Zeit hat sich, ganz profan, Wasser einen Weg in die direkt an den felsigen Abhang gebaute Kirchenmauer gebahnt. Die notwendigen Maler- und Verputzarbeiten erledigt Martin Geppel: „Das ist schon etwas anderes, als die Küche einer alten Dame zu streichen. Und wenn wir mit der Renovierung fertig sind, hält das wieder ungefähr hundert Jahre."

Aus dem Dunkel des Waldes ins Glitzern und Gleißen an der Donau, ihrem Ufer folgend zum Benediktinerstift Melk. Mensch, was für eine Pracht. Die Besichtigung gelingt vielleicht am besten aus einer gewissen Distanz, etwa vom unterhalb des Klosters liegenden Hauptplatz in Melk. Sofern der nicht wieder mal komplett von der Donau überflutet ist. „Trotzdem leuchteten selbst noch unter Wasser die Lampen, wie ein Wunder", erzählt Kioskbetreiberin Christine Golias, bevor sie uns den besten Weg raus aus der Stadt Richtung Sankt Leonhard zeigt.

Freier Auslauf für Roadster und Super Duke. Sonnenblumenfelder im milden Nachmittagslicht, Orte wie Kirnberg und Kirchberg bezeichnenderweise mit einem „berg" hinter dem K. Dazwischen Kurven und Serpentinen, manche bewacht von einem gekreuzigten Heiland.

Nicht immer hatte das Kreuz in der Geschichte nur schützende Funktion, oft musste es auch vermeintlich gerechten Krieg begründen, den bellum iustum. So trieb Bernhard von Clairvaux, verehrt als bedeutendster Heiliger des Zisterzienserordens und entschiedener Verfechter der Bewaffnung von Mönchen (Tempelritter), halb Europa in den zweiten Kreuzzug gegen die „ungläubigen" Muslime, der aber 1148 vor Damaskus kläglich scheiterte. Während an der Zufahrt zu Stift Lilienfeld der heilige Bernhard überlebensgroß als Standbild verewigt ist, schnattern im Klosterteich friedlich die Enten.

Es knurrt der Magen. Um rechtzeitig in Göttweig zu sein, nehmen wir den schnellsten Weg über St. Pölten Richtung Krems. An der Bundesstraße Filialen von Spar, Penny und Möbelix, hinter einer transparenten Lärmschutzwand das Augustiner-Chorherrenstift Herzogenburg. Aus der Tiefe katholischer Sozialisation taucht „Die Tempelreinigung" auf, jene Geschichte im Evangelium (Matthäus 21, 12—17), die beschreibt, wie Jesus Händler und Käufer aus dem Jerusalemer Tempel treibt, da sie daraus eine Räuberhöhle gemacht hatten.

Die größte Strafvollzugsanstalt Österreichs, ein ehemaliges Redemptoristinnen-Kloster, liegt im Kremser Stadtteil Stein. Einmal im Monat bekommen die Inhaftierten Besuch aus Göttweig von Frater Richard. Der „Man in black" hat ein offenes Ohr für Sünder, vielleicht wegen des eigenen bewegten Lebens: Drei Kinder aus zwei Ehen, die letzte mit einer Afrikanerin, kennengelernt in einer ugandischen Missionsstation. Erst spät die Taufe — „nach zwei Jahren der Finsternis war es, als hätte sich der Himmel über mir geöffnet". Schließlich Eintritt ins Kloster und dort nun als Kontaktmönch für die Betreuung der Gäste zuständig. Ein weiterer Grund, von der Frühstücksterrasse so schnell nicht loszukommen. Kann eine Frau nicht Priesterin werden? Demokratie in der Kirche? Zölibat? Die Themen purzeln förmlich vom Himmel. Nur schade, dass Pater Johannes Maria Bauer nicht mehr dabei ist, der legendäre Göttweiger „Guzzipfarrer".

„Erlöse uns vom Bösen", bittet unweit von Sankt Leonhard die Inschrift auf einem Kreuz am Straßenrand. Dahinter Ackerland, wegen der Erbfolge in schmale Streifen geschnitten. Es erinnert daran, dass für diejenigen, die früher

Wegekreuz bei Obergrünbach

184 | 185

nichts hatten oder zu wenig erbten, der Eintritt ins Kloster eine von finanziellen Sorgen erlösende Option war. Egal ob als Theologe, Bäcker oder Braumeister — jeder konnte seinen Platz bei den Mönchen finden.

Pulsierend und lebensfroh das Städtchen Gars, Hüftgold förderndes Eldorado für alle, die Mohnnudeln und das süße Laster der Völlerei mögen. Kulminationspunkt irdischer Sinnesfreude ist in Rosenburg die Bar Jaqueline.

Welcher Glaube auch immer: Im „Garten der Religionen" von Stift Altenburg sind sie symbolisch alle vertreten und laden ein zu informativer Lustwandelei. „Alles so schön bunt hier, mit einem ausgeprägten Stich ins Güldene", würde vielleicht Nina Hagen beim Besuch der Altenburger Stiftskirche staunend tönen. Und wäre wohl nicht minder entzückt ob der schaurig-schön dekorierten Gebeine des Bonifatius. Weitere Highlights des Benediktinerstifts sind die Fresken im „Ballsaal des Todes", die bibliophilen Kostbarkeiten im „Tempel der Weisheit" oder die „schöpfungsverantwortlich" aus eigener Bio-Produktion stammenden Köstlichkeiten aus der Klosterküche.

Via Mödring geht's auf der als „Horner Rennstrecke" bekannten Bundesstraße 4 zum Kloster Pernegg. Natürlich „not to(o) fast". Oder eben doch. „Kommen Sie auch zu den Energietagen?", fragt eine Dame am Empfang. Das ehemalige Chorfrauenkloster hat seine wirtschaftliche Nische als Seminar- und Gesundheitszentrum gefunden, bietet unter dem Motto „Entdeckung der Stille" vornehmlich Fastenkurse an. Sinnigerweise gibt's sogar ein Stummfilmkino. Und vom Fastenbegleiter Alexander Graffi für uns wenigstens ein paar Worte zum Thema „Eiweißablagerungen in den Kapillargefäßen".

Einen Vertreter des modernen Ablasshandels lernen wir anderntags an der B 38 kennen. „Eine durchgezogene Sperrlinie kostet in Österreich 35 Euro", belehrt der unerbittliche Herr Inspektor — so heißt hier alles, was ein Kapperl und zwei Streifen trägt — die beiden nun etwas ärmer werdenden Sünder. Sie hatten einen LKW überholt, quasi im Dienste des Herrn, um endlich einmal pünktlich zu sein, und zwar zur Mittagshore im Zisterzienserstift Zwettl. Dort für vergleichsweise günstige 70 Cent erhältlich ist immerhin schon eine kleine Opferkerze, die Kirche selbst aber

außerhalb der Gottesdienste leider „wegen brutaler Diebstähle" gesperrt. Tja, die Welt ist schlecht, man erlebt es beinahe täglich.

Doch es gibt auch Erfreuliches zu vermelden: Zwettl bekommt Nachwuchs, feiert die sogenannte Einkleidung eines neuen Mitglieds der Gemeinschaft. Allerdings ist diese Übergabe des Ordensgewandes nur die „halbe Miete", denn sie steht am Anfang des Noviziats. Erst nach erfolgreicher Zeit der Prüfung wird das Ordensgelübde abgelegt, erfolgt die Profess.

Von den Zwetteler Mönchen wieder hinaus in die Kargheit des Waldviertels. Es ist bald Ende August, viele Felder sind abgeerntet, nur der Mais steht noch. In der erdigen Luft hängt der Geruch von Mist und Dung. Die Häuser nicht schreiend bunt, sondern pastellig. Altrosa die Kapelle, bleu das Gerätehaus. Hoch über Raabs die stolze Burg der Babenberger, darunter der heilige Nepomuk an der Brücke über die Thaya. Weit und breit kein Inspektor, falls mal die Autos der Lokalmatadore aus dem Rückspiegel verschwinden sollen.

18:00 Uhr, Vesper im Prämonstratenserstift Geras. „Ehre sei dir ... und in Ewigkeit Amen." Okay, diese rituellen Formeln sind noch gut zu verstehen, den Rest sollte man schon auswendig können, um folgen zu können. Aber das ist bei Pop-Songs ja oft nicht anders. Und vielleicht sogar egal. Wenn die Lampen das Kirchenschiff aus der Dunkelheit heben, man sich vorstellt, in einer stabil kieloben treibenden Arche Noah zu sitzen — das Deckengewölbe ist der Kiel, der Kirchenboden das Deck —, dann ... doch das spinne jeder ganz individuell für sich selbst weiter. Zu Interpretationen animiert auch vis-à-vis der Kirche ein Buswartehäuschen, futuristisch verspiegelt und aus dem Stift ein Zwillingspärchen machend. Parallelwelt? Doppelmoral? Hilfreicher Spiegel zur im klösterlichen Leben angestrebten Selbstfindung?

19:32 Uhr, immer noch Geras. „Muss ich das ganze Geschirr anziehen?", fragt erfrischend schnoddrig Abt Michael. Wenig später steht der bärtige Mann Gottes in weißem Ornat und mit goldenem Kreuz um den Hals routiniert wie kurzweilig Rede, Antwort und Modell. „Wir sind das Kloster an der Grenze zu Tschechien und damit Brückenbauer, auch zu anderen Kulturen." Mehr als hundert internationale Künstler unter-

oben, v. l.

Frater Richard,
Gästemönch im Stift Göttweig

Christine Breitschopf,
Tourismus-Angestellte im Stift Altenburg

Martin Geppel,
Renovierungsarbeiter in der
Pfarrkirche Aggsbach

unten, v. l.

Mag. Michael K. Proházka
O.Praem., Abt von Stift Geras

Anita Wegner,
Kellnerin im Klosterstüberl
Maria Langegg

Alexander Graffi,
Fastenbegleiter im Kloster Pernegg

richten in der Akademie Geras, das Angebot reicht vom Aktzeichnen bis zur Gestaltung von Holzskulpturen mit der Kettensäge. Früher fuhr Abt Michael auch Motorrad, eine Transalp. „Die war so schön violett, wie die Soutane des Bischofs." Zum Abschied die verblüffende Frage: „Lebt der Kevin Schwantz eigentlich noch? Was ein fürchterlicher Name." Welch schönes Stichwort für ein Zitat des ob seines wilden Fahrstils von den Fans heiß geliebten Ex-Motorradweltmeisters aus Texas (still alive): „Wenn du Gott siehst, dann musst du bremsen."

Der letzte Tag. Auf dem Programm noch ein Kloster sowie ein kultiger Motorradtreff nebst jeder Menge appetitlich verwinkeltem Straßenwerk. Von Göttweig also direktemang via Wilhelmsburg und Sankt Veit nach Rainfeld, dort rechts ab Richtung Kleinzell. Alle Sinne konzentrieren sich jetzt auf das zwischen hellem Bach und dunklem Tann ausgerollte graue Band. Wie ein rasend schnell durch die Finger gleitender Rosenkranz zieht es unter uns hin. So etwa ab Hölle eine harte Prüfung: Tempo 70! Und die Exekutive nimmt's teuflisch genau. Zur Belohnung wartet dann der Alpengasthof Kalte Kuchl, beliebtester Motorradtreff der Region, der an schönen Wochenenden aus allen Nähten platzt. Einen warmen Topfenstrudel oder doch lieber die Malakofftorte? Und führe mich in süße Versuchung. Buße kann gegebenenfalls auf dem Fuße folgen: 46 Kilometer sind es von der Kalten Kuchl bis zu Österreichs bedeutendstem Wallfahrtsort, Mariazell.

Der nächste Superlativ kommt eher überraschend. In Adamstal spielt die Eva von heute nicht mit Äpfeln, sondern puttet auf einem in paradiesischer Abgeschiedenheit gelegenen 18-Loch-Championship-Course, schon viermal gewählt zu Österreichs Golfplatz des Jahres. Refugium für die Fraktion der Gebückten und Herbrenner ist dagegen der Wienerwald, den wir nun via Laaben und Sankt Corona am Schöpfl ins Visier nehmen. An den Hängen Bauern bei der Heuwende, ein Panorama voll pastoraler Stille. Solange unten nicht das Gas aufgerissen wird in diesem Vergnügungspark.

Den richtigen Umgang mit rund 500 PS lehrt die Wiener Fahrschule Rainer, wahlweise im Lamborghini Gallardo Spyder, Ferrari F 430 Spider oder Ford Mustang Shelby GT 500.

Doch nur kein Neid, du sollst nicht begehren deines Nächsten ... Während Blondie auf einem Parkplatz das Zurückstoßen übt, lugt hinter ihr zwischen den Bäumen das Stift Heiligenkreuz hervor. Ein gut besuchter Jahrmarkt der Heiligkeiten, dessen Mönche sogar die Hitparaden stürmten. Mit ihrer CD „Chants — Music for Paradise" schafften es die Meister des gregorianischen Chorals auf Platz 1 der US-Classic-Charts. „It's a very special boygroup, groupies are welcome to the monks at five o'clock in the morning", scherzt eine Reiseleiterin aus Australien.

Als die Zisterziensermönche — in ihren schwarz-weißen Ordensgewändern unwillkürlich an die alte deutsche Nationalelf erinnernd — die Plätze im kunstvoll geschnitzten Chorgestühl einnehmen, herrscht andächtige Stille. Bis lateinischer, monotoner Männergesang zur Lobpreisung des Allmächtigen hypnotisierend den Raum erfüllt. Streng und schlicht wirkt sie, die romanische Abteikirche. Keine barocken Graffiti an den schnörkellosen Wänden aus blanken Steinquadern. Reduziert auf Form und Funktion, im Wesentlichen unverändert seit Generationen und unter all den Kirchen der letzten Tage quasi die HP2. Kyrie eleison. Oder auch als allerletzte Impression das T-Shirt eines Göttweiger Klostergastes mit dem Aufdruck: Impossible is nothing. Ora et motora. ∎

INFOS

Reisedauer: 4 Tage
Streckenlänge: 900 Kilometer

Streckencharakter: Kurvige, meist wenig befahrene Straßen beiderseits der Donau in Niederösterreich.

Besonderheiten: Insgesamt 22 Klöster in Mittel- und Osteuropa, darunter 18 im Osten Österreichs, haben sich werbewirksam zusammengeschlossen und bieten ihren Gästen die Möglichkeit zu wahlweise mehr oder weniger intensivem Kontakt mit der klösterlichen Welt. Vieles kann, nichts muss. Auch das Motorradfahren muss dabei nicht zu kurz kommen, locken Wachau und Waldviertel doch mit reizvollen Revieren; und mit dem Gasthof Kalte Kuchl gibt's zudem den kultigsten Bikertreff der Region.

Übernachten: Jedes dieser Klöster hat einen eigenen Schwerpunkt, sodass, wer dort nicht nur nächtigen möchte, auch fasten, wandern, meditieren oder Kunstkurse belegen kann.

Anreise: Stift Göttweig beispielsweise ist am schnellsten über die (mautpflichtige) A1 Linz — Wien bis zum Knotenpunkt Sankt Pölten und ab dort über die S33 bis Mautern zu erreichen. Alternativ ab Linz eine Sightseeing-Tour entlang der Donau.

Adressen: www.kloesterreich.at

SONNE, WASSER, HEISSE KURVEN

Die einen kennen es als günstiges Urlaubsparadies an der Adria, die anderen kommen wegen der Rennstrecke mit endlosem Grip: So oder so verspricht das nördliche Kroatien rund um Rijeka einen heißen Trip.

Kurve bei Krmpote mit Blick auf Krk

Strand und Mole von Glavotok

Manchmal überholt die Geschichte selbst das schnellste Motorrad. 13-mal fand zwischen 1978 und 1990 auf der Rennstrecke von Rijeka — offizielle Bezeichnung: Automotodrom Grobnik — ein Lauf zur Motorrad-Weltmeisterschaft statt. Der für den 16. Juni 1991 geplante Große Preis wurde dann wegen des ausbrechenden Jugoslawienkrieges abgesagt. Der Rest ist bekannt.

Trotzdem müssen Marcus und ich kurz schlucken und ein paar Jahreszahlen sortieren, als beim ersten Restaurantbesuch dieser Kroatien-Tour die freundliche Bedienung ganz nebenbei erzählt: „Ich war im Krieg in Deutschland." Emina ist 23, in Bosnien geboren, in Stuttgart aufgewachsen und nun kurz vorm Abschluss als Master of Economy. Der Job im Hotel dient nur zur Finanzierung des Studiums.

Unser komfortables Quartier für die nächsten Tage ist das aus der k.u.k.-Epoche stammende Bristol Hotel in Opatija. Kroatiens ältestes Seebad strotzt, mehr noch als die benachbarte Hafen- und Industriestadt Rijeka, nur so vor stuckverzierten Prachtbauten. Dazu üppige, subtropische Vegetation. Die wie eine exotische Echse schillernde Kawasaki Z 1000 SX fügt sich recht harmonisch ein, bereichert die Palette des allgegenwärtigen Grüns um eine weitere Nuance. Mal sehen, wie sich der Muskelprotz in freier Wildbahn schlägt.

Raus aus der Stadt, ab zum Fährhafen Brestova. Zypressen piek sen mit ihren Spitzen in makellos blauen Himmel, Jachten stechen in See,

Bergstrecke bei Stara Baška

und als sei das ansteckend, kann dich auf der kurvigen, gut ausgebauten Küstenstraße schnell der Hafer stechen. Besonders, wenn gleich die Fähre zur Insel Cres ablegt. An Bord des stündlich verkehrenden Schiffes sind einige Kollegen in voller Cross-Montur, untrügliches Indiz für die Offroad-Tauglichkeit der Region.

Sicher haben sie uns längst entdeckt, die auf Cres heimischen Gänsegeier. Kilometerweit scannen sie bei der Suche nach Aas die Landschaft, als Willkommensgruß kreist ein Pärchen der gefiederten Gesellen über den in Porozina von der Fähre an Land gespuckten Neuankömmlingen. Wer Vertretern des fliegenden Entsorgungskommandos selbst mal in die scharfen Augen blicken möchte, findet dazu Gelegenheit in dem Raubvogel-Schutzcenter Grifon (auf dem Festland südlich von Senj bei Volarice).

Sind Geier und Blechschlangen entschwunden, hat man leicht das Gefühl, allein auf dem kargen Eiland zu weilen. Welch trügerische Vorstellung. Sobald die Motorräder verstummen und irgendwo auf dem Seitenstreifen neben dorniger Macchia parken, ertönt vieltausendfach aus winzigen Trommelorganen das monotone Stakkato des Südens. Was ist gegen dieses Klappern der perfekt getarnten Zikaden das bibbernde Schnattern in einem kalten, verregneten Sommer daheim?

Aber wer fährt schon nur zum Hören ans Meer? Es locken unzählige Badebuchten, das Wasser leuchtet von flaschengrün über türkis bis tintenblau. Und obwohl der Spaß groß ist, all das mit der Kawallerie im flotten Galopp zu erkunden, weckt das glitzernde Nass doch unwillkürlich den Gedanken an anderes Gerät: Bauen die Grünen aus dem japanischen Kobe nicht auch Jetskis?

Wohin auch immer dich die Odyssee schließlich treibt: Kein Weg führt auf Cres am gleichnamigen Hauptort der Insel vorbei. Cafés und Restaurants umrahmen das pittoreske Hafenbecken, ein Pendant zum hübschen Honfleur in der Normandie. Statt „Tischlein deck dich" heißt es für uns jetzt aber, die letzte Fähre zurück aufs Festland nicht zu verpassen, wo, leckerer Tipp für Nachahmungstäter, in Opatija die Pizzeria Roko bis nachts um zwölf weder Wünsche noch Mägen offen lässt.

Wahlweise über eine imposante, 1300 Meter lange Brücke oder per Fähre von Cres aus lässt sich Krk erreichen, größte der kroatischen Inseln.

The same procedure as yesterday: Badebuchten-Casting und Inspizieren der Inselhauptstadt, dazwischen Sporttouring. Das Leben kann so simpel sein. Und wie gut, dass selbst die verschwitztesten Motorradklamotten, im Gegensatz zu so manchem Sommerkleidchen, blickdicht sind. Am Strand von Glavotok lädt uns ein Altfreak zur Bootsfahrt mit Picknick in einer unzugänglichen Bucht ein, ergänzt um die Bitte, doch mal eben 'ne Runde mit dem schönen Mopped drehen zu dürfen. Da damit der Tag vermutlich gelaufen wäre, heißt es „do videnja", auf Wiedersehen, und weiter zum Hafen von Krk.

Statt dort zu sinnieren, warum es schon wieder eine Namensgleichheit von Stadt und Insel gibt — den Sarden und Korsen etwa ist doch auch was eingefallen —, studieren wir das Treiben an der Boots-Tankstelle. Eine würdige Fortsetzung des Films „Die Ferien des Monsieur Hulot", diesmal mit dem Titel „Wenn Landratten zu Seebären werden". Die Zapfsäule an der Kaimauer ist eine echte Herausforderung. Manche Freizeitskipper kriegen die Leine zum Festmachen nicht an Land und drehen beim vierten erfolglosen Wurfversuch ab, andere bleiben beim Navigieren im Hafenbecken mit den Wanten am Anker des Fischkutters Virginia hängen.

Nun, wer im Urlaub ein Boot chartert, wird damit genauso wenig zum Käpt'n auf Großer Fahrt wie der Pilot eines Mietrollers zu Valentino Rossi. Apropos prominente Zeitgenossen: 49 v.Chr. lieferten sich die Flotten von Cäsar und Pompejus eine Seeschlacht vor Krk. So geschichtsträchtig ein Bummel durch das Festungsstädtchen wäre: Manchmal versinkt man lieber in den Korbsesseln der Café-Bar Casa del Padrone, genießt dort chillige Mucke, einen Panoramablick auf Marina und Altstadt sowie prima Apfelkuchen.

Fehlt noch das Sporttouring. Vorbei an Wakeboardern und Wasserballern, die in der Bucht von Punat ihre blauen Spielfelder haben, brennen wir durch die Berge nach Stara Baška. Eine Fünf-Sterne-Strecke, Achterbahnfahrt zwischen glühender Steinwüste und Abkühlung versprechenden Fluten.

„Tunja, Tunja" — so hieß es früher, wenn Thunfischschwärme sich in die Bucht von Bakar verirrt hatten. Sobald die Fische von eigens dafür errichteten Aussichtstürmen, den Tuneras, gesichtet waren, wurde die Bucht mit Netzen

Zuckerbäckerstil in Opatija

„Kaisernacht" in Opatija

Hafen von Krk auf Krk

Begegnung mit Snjezana

(im Uhrzeigersinn)

Automomdrom Grobnik

dichtgemacht und das Halali begann. Heute sind die schräg übers Wasser ragenden Holzleitern nur noch folkloristisches Relikt, längst ist die Adria von Thunfisch so leergeräumt wie die Vier-in-Nix-Marshall-Auspuffanlage eines Local Heroes, der mit der Devise „Shorts and Sounds" durchs nächtliche Rijeka knallt.

Samstagmorgen, Wochenende, wohin du kommst. Rappelvoll die Küstenstraße runter nach Senj, Teil des einst abenteuerlichen Autoputs, auf dem es oft gekracht hat. Weite Teile der Küste und der Inseln sind karstig, weil der Mensch zur Natur ziemlich garstig war, all die schönen Bäume abholzte und daraus Schiffe baute; nicht zu vergessen die Stützpfeiler für Venedig. Und alles andere als ein laues Lüftchen ist die berüchtigte Bora, ein tückischer Wind im nördlichen Mittelmeer, der aus heiterem Himmel ganze Campingplätze abräumen kann.

Nach reichlich Slow Motion zwischen Kraljevica und Novi Vinodolski juckt so langsam die Gashand. Der Flyer für eine Speed-Boot-Tour verspricht immerhin 40 Knoten, doch das hatten

wir jetzt lange genug. Lieber in Senj auf die serpentinengespickte 23 hoch zum Vratnik-Pass und weiter Richtung Plitvicer Seen, Besuchermagnet und Drehort diverser Karl-May-Filme. Statt sie dort aber wieder aufreißen zu lassen, die längst verheilte Narbe auf der Seele, entstanden im Kino, als Winnetou in den Armen von Old Shatterhand starb, schwenken wir vor den Seen nordwestlich ab nach Krivi Put in die Botanik. Da wartet zwar keine N'Tschotschi, stattdessen jedoch ein Schneewittchen.

Was für ein Kontrastprogramm. Die quirlige Küste scheint Lichtjahre entfernt, das schrundige Sträßchen ist superschmal und macht bekannt mit so vielen Hühnern, wie die Kawa Pferde hat. Kulminationspunkt ländlichen Lebens in Nicona: ein prähistorischer Trecker, zwei Schweine, drei Heuhaufen, keine Handvoll Häuser. Und Snjezana, was Schneeweiße oder eben Schneewittchen bedeutet. Wild gestikulierend sorgt die etwas kamerascheue Frau für einen unfreiwilligen ABS-Test. Wir werden gleich der Familie vorgestellt und zum Slibowitz eingeladen. Marcus später: „Die wollte

nicht fotografiert werden, die wollte mich! Erst Alkohol, dann wäre der Dorfpatron vorbeigekommen — und sofort hätte man uns verheiratet. Das Schwein hinterm Zaun war schon als knuspriger Hochzeitsbraten auserkoren."

Aus den Bergen zurück auf die Küstenstraße geht's in ein paar knackigen, frisch asphaltierten Kurven bei Krmpote. Und anschließend eher zufällig mitten hinein in die „Kaisernacht" von Opatija, ein Straßenfest, wo zwischen gepuderten Perücken und gepiercten Lippen, herausgeputzten Lipizzanern und Oldtimern sogar Kaiser Franz und seine Sissi zu entdecken sind.

Mit Topspeed durchs 21. Jahrhundert. Eigentlich wollten wir ja selbst noch ein paar Runden in Grobnik drehen, doch dieses Mal bleibt bloß die Rolle des Zuschauers, weil auf der Rennstrecke nahe Rijeka vor imposanter Bergkulisse heute Supersports und Superbikes um Punkte fighten. Ob sie ihren Kampf um Punkte und Zensuren wohl bald erfolgreich beenden, es irgendwann zur Hotelmanagerin schaffen wird? Daumen drücken für Emina. ∎

INFOS

Reisedauer: 3–4 Tage
Streckenlänge: 900 Kilometer

Streckencharakter: Kurvig entlang der Küsten, bergig durchs Hinterland.

Besonderheiten: Die Mischung macht's. Inselhopping, Badeurlaub, Nachtschwärmen und vielleicht ein Rennstreckenbesuch sorgen für Abwechslung rund um die Kvarner Bucht.

Übernachten: Die touristische Infrastruktur in einem beliebten Urlaubsland am Mittelmeer ist vielfältig. Die Übernachtungsmöglichkeiten reichen von Campingplätzen an schönen Buchten über eine Vielzahl von Privatzimmern bis zu Hotels unterschiedlichster Standards. In der Hauptsaison empfiehlt sich rechtzeitige Reservierung. Je nach Vorliebe wählt man zwischen idyllischer Insellage auf Cres respektive Krk oder aber urbanem Nightlife, wie es die Hafenstadt Rijeka und vor allem das alte Seebad Opatija garantieren.

Anreise: Von München via Salzburg, Villach und Ljubljana über mautpflichtige Autobahnen sowie durch diverse, ebenfalls gebührenpflichtige Tunnels nach Rijeka.

Adressen: www.croatia.hr, www.grobnik.hr

HEIMSPIEL FÜR MOKKA

Mit einem türkischen Motorradfahrer zu Besuch bei seinen vielen Verwandten in der fernen Heimat. Viersen, Istanbul, Kappadokien, Mersin, Türkische Riviera — ein 10.000-Kilometer-Trip voller faszinierender Landschaften und Begegnungen mit unterschiedlichsten Menschen.

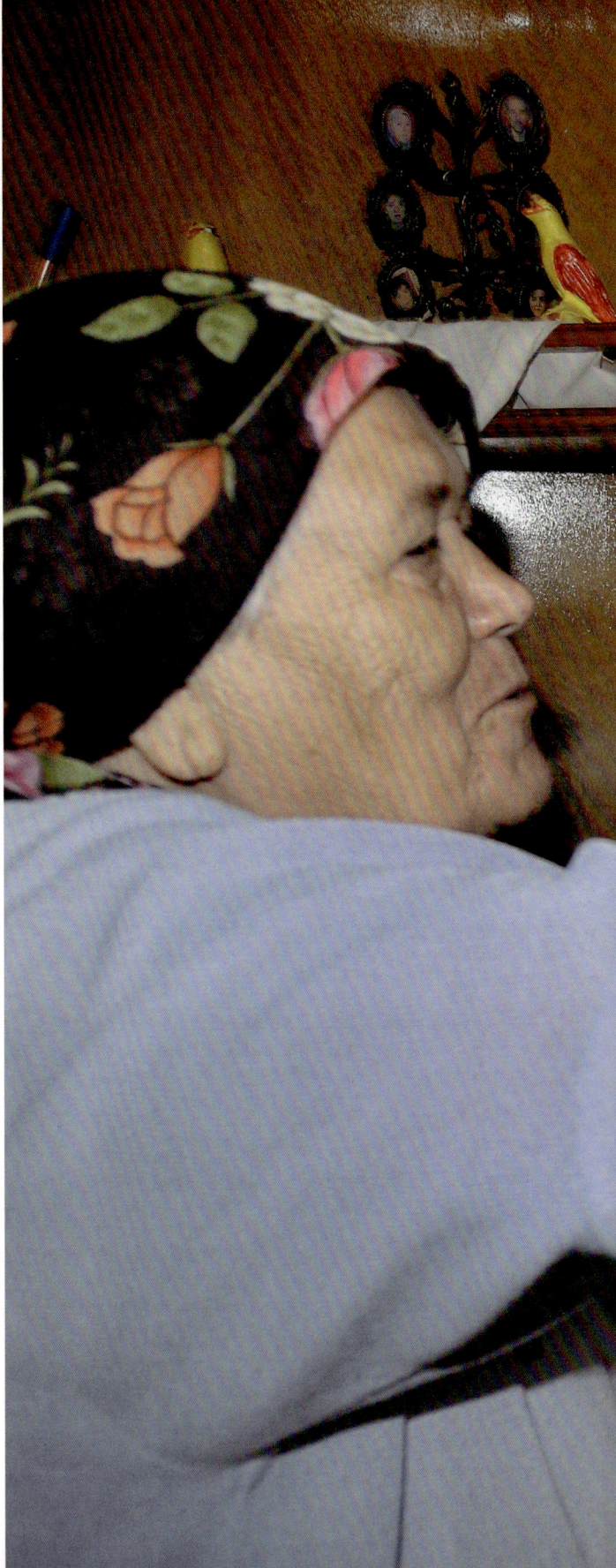

Handkuss für die Schwiegermutter

Balkon von
Familie Özdemir
in Mersin

Besuch
bei den Tanten
Rukiye und
Firdes in Taşköy

Mehmet Colak, auch Mokka genannt, ist zweifellos Türke: Mongolenbärtchen, Piratentuch (Kopftücher tragen nur Frauen) und eine Camouflagejacke, als sei er beim Militär. Gleichzeitig ist der 44-Jährige typisch deutsch: Klapphelm, BMW und im Gepäck ein Ersatzreifen, als ginge es bis ans Ende der Zivilisation. Genau der Richtige für eine Türkei-Tour, bei der reichlich Kilometer zu schrubben sind. Und Hände zu schütteln: die der Schwiegereltern in Mersin nebst denen einer weitverzweigten Verwandtschaft. Ich darf Mokka begleiten und sitze dabei in der ersten Reihe, sprich im Sattel einer GS 800. Danke, teşekkür. Womit mein türkisches Vokabular leider schon zu 20 Prozent erschöpft ist.

Viersen, Zagreb, Istanbul. 2600 Kilometer in 52 Stunden. Fürs Tor zum Orient mit seinen die Kontinente verbindenden Brücken, für die Frage, ob das omnipräsente Stückchen bunten Stoffs nur ein modisch-folkloristisches Accessoire oder doch Symbol der Unmündigkeit und Unterdrückung von Frauen ist, völlig deplaziert in einem laizistischen Staat, für die Altstadt Sultanahmet mit dem Strudel der Bazare, für Blaue Moschee und Hagia Sophia, für den entstoppelnden Besuch beim Barber sowie fürs Picknick am felsigen Bosporusufer mit den Freunden Oktay, Saniye und Batuhan — für all das sind Zeit und Zeilen arg knapp bemessen.

Nach dem Prolog quer durch die Türkei. Irgendwo unterwegs verschwindet Mokkas Klapp-

Tuffstein bei Göreme in Kappadokien

helm im Systemkoffer, stattdessen schützt fortan
ein luftiges Braincap vor Sonnenbrand.

Mersin. Häuserschlucht, sechste Etage, Schellen bei Özdemir. Handkuss für Ana, als Schwiegermutter von den toughesten Typen tief verehrt
wie die eigene Mutter. Im Flur ein Familienbäumchen, ein verschnörkelter Bilderhalter, an dessen
„Zweigen" Passfotos der Eltern sowie ihrer sechs
Sprösslinge hängen. Durdane und Songul lerne
ich im Laufe des Nachmittages gleich kennen.
Außerdem Hamit, Inhaber einer Motorradwerkstatt
und Mokkas Freund. Als Gastgeschenk wird ein
neuer Drehmomentschlüssel überreicht, wofür
sich der Chef prompt mit einer kleinen Inspektion
nebst Austauschbatterie für die RS revanchiert
und damit dem ausgefallenen ABS wieder auf die
Sprünge hilft.

Antrittsbesuch bei Mokkas Schwester Adalet
und dann Abflug zum „Tantentag". Als süßes Mitbringsel werden drei Kilo weich-klebriges Lokum
erstanden, kurz danach verschwindet wieder ein
Kopfschutz im Koffer. „Hier brauchst du keinen
Helm zu tragen", vernimmt der erstaunte Teutone,
der trotz Glasfibermütze und wegen vergessener
Sonnencreme jetzt zunehmend zur Rothaut wird.

Von der Hitze verdörrt sind auf dem Friedhof
in Nacarli die Gräber, dazwischen auch die von
Mokkas Eltern. Sie liegen weit auseinander, denn
selbst Allah garantiert keine lebenslange Liebe.
Weiter nach Taşköy zu Tante Rukiye. Ihr Mann ist
unlängst verstorben, im Schmerz darüber wird
auch der fremde Besucher innig gedrückt, selbst
wenn der nie zuvor hautnah Kontakt hatte mit
einem „Klageweib". Auf bunten Teppichen und
Kissen hockend, im Kreise von Ülkyes Tochter
und drei Enkelkindern sowie Tante Fides, fühle ich
mich fast näher am Himalaya als zum Beispiel an
Hinsbeck.

Zurück in Mersin schellt Anas jüngster Sohn,
vom Schwager flapsig „Murat der Killer" genannt.
Der 30-jährige Bodyguard in Politikerdiensten hat
eine Karriere in einem Spezialkommando gegen
die PKK hinter sich und berichtet Details, die besser nicht weitererzählt werden. Grob geschätzt
40.000 Tote forderte bisher der Konflikt zwischen
türkischer Armee und kurdischer Untergrundorganisation.

Aber es dringt auch Positives ans Ohr, die
Einladung zu einer Hochzeit in Kayseri. Nichts wie
hin. Und, kaum angekommen, noch ein Schnup-

perründchen um den Erciyes Daği. 3917 Meter
hoch ist der erloschene Vulkan, durch dessen
Ausbrüche einst die aberwitzigsten Landschaften
in Kappadokien entstanden sind. Einem zweistündigen Rendezvous mit dem alten Feuerspeier folgt
eine die Straßenlaternen in Kayseri vibrieren lassende Open-Air-Party mit den jungen Brautleuten
Emel und Mehmet. Treibende Kraft auf so einem
Fest: Davul-zurna, Tanzmusik im aufpeitschenden
Rhythmus von Zylindertrommel und Trichteroboe.

Noch ganze 420 Minuten bleiben anderntags
für den großen Rest der sagenhaften Tuffsteinwelt
Kappadokiens. Erster toller Stopp bei Ürgüp, wo
eine Phalanx von Felsnadeln phantasieanregend
zum Fotoshooting lädt. Zweites Highlight ist der
klotzige, 90 Meter hohe Burgfelsen von Ortahisar.
Durchlöchert von Höhlen und Gängen, diente er
frühchristlichen Gemeinden als Schutz und könnte
locker Location in einem Film „Der Turmbau zu
Babel" sein. Während durch Ortahisar noch
Karren mit zwölfspeichigen Holzrädern rumpeln,
hat der Fortschritt einer Tankstelle in Nevşehir
bereits eine Batterie von vierzehn Lesegeräten
fürs Plastikgeld beschert.

Kulminationspunkt Kappadokiens ist Göreme.
Wie eine versteinerte Zipfelmützenarmee sehen
sie aus, die faszinierenden Felsformationen, für
die 3300 Kilometer Anreiseweg nicht zu weit sind.
Selbst dann nicht, wenn es 120 Minuten später im
Ford Transit unseres Gastgebers Yakup zur Hochzeit in Kayseri gehen soll. Inschallah, manchmal
fordert die Familie ihren Tribut.

Pinarbaşi, nicht zu verwechseln mit Pina
Colada, ist das nächste Ziel. 100 Kilometer
Kurs Ost. Schier endlos Berge und Steppen,
vermutlich bis zur Mongolei. Scharf rechts ab
und dann, nach einem Überraschungsbesuch
bei Rabiye, einst Amme von Mokkas Frau
Servet, noch 300 Kilometer bis Gaziantep. Ob
die 40-Grad-Marke im Cockpit meiner F 800
GS heute geknackt wird? Feucht schimmert
der Asphalt, weckt die Sehnsucht nach einem
norwegischen Fjord. Die baumgesprenkelten
Flanken der Berge wie ein dicht behaarter
Männerrücken. Die Horrorstorys von schlüpfrig angeschmolzenem Teer bewahrheiten sich
nicht, denn bei Bremstests muss das ABS nie
eingreifen (doch Garantie gibt es keine). So
sorgt höchstens mal grober Baustellensplit für
schlingerndes Abweichen vom Kurs.

Verschleierte Frau in Istanbul

Hochzeitsfeier in Kayseri

Spritztour mit Onkel Mokka

Hochzeitsvorbereitungen

(im Uhrzeigersinn)

Gaziantep, Autobahnabfahrt Zentrum, Treffpunkt Moschee. Eine etwas knappe Wegbeschreibung für eine Millionenstadt, doch irgendwann steht er winkend auf dem Bürgersteig: Kadir, pensionierter Versandmeister einer Mönchengladbacher Textilmaschinenfabrik. Neben einer Stadtwohnung hat er noch ein Ferienhäuschen in den Bergen nahe der syrischen Grenze. So sehr der vitale 65-Jährige die Ruhe liebt — eine Geschichte erzählt er immer wieder gerne.

Im Mai 1969 als Gastarbeiter nach Deutschland gekommen und von Kollegen zum Brotholen geschickt, verstand Kadir vom „Guten Morgen" in der Bäckerei nur die Hälfte, drehte stumm auf dem Absatz um und kam am nächsten Tag wieder in der Hoffnung, wie versprochen nun heute Brot zu bekommen. Das wiederholte sich drei Mal, bis der Verkäuferin der schwarzhaarige Schweiger unheimlich wurde und sie die Polizei rief. Die lachte sich dann, zusammen mit dem hinzugezogenen Dolmetscher, ob des Rätsels Lösung fast kringelig.

Letzter Abend bei Özdemir in Mersin. Während Enkelsohn Mertcan, seinem Idol 50 Cent nachzappelnd, durch die Bude rappt, zeigt mir seine 17-jährige Schwester Gizem das Handyfoto eines jungen Burschen, für den sie in ihrem rudimentären Englisch-Vokabular die Bezeichnung Boyfriend findet. „Bomb", kommentiert Onkel Murat wie aus der Pistole geschossen das offenbar heikle Thema.

„Ja Mittelmeer, jetzt bist du dran", stimmt Mokka auf die Rückfahrt ein. Das Nass kommt schneller als gedacht. Aus einer PET-Flasche schüttet Schwiegermutter den BMWs einen ordentlichen Schwall Wasser hinterher — traditionelles Symbol für den Gute-Fahrt-Wunsch in der Türkei und der Segnung mit Weihwasser auf einer Motorradwallfahrt nicht unähnlich.

In Susanoğlu warten wir auf Sahin, „König" der Turkish Sultans. Statt auf der Fireblade ist der Präsi des Hamburger Motorradvereins mit der E-Klasse in die Ferien gereist. Er kutschiert uns zum römischen Bodenmosaik in Narlikuyu, zur Tropfsteinhöhle von Astim und an seine bevorzugte Badebucht. So verlockend das Angebot zum Bleiben ist — gegen die Küstenstraße von Silifke nach Gazipasa hat es keine Chance. „200 Kilometer nur Kurven, also richtige. Nach der Hälfte der Strecke hab' ich gedacht, es geht nicht mehr mit meinem Racer", stöhnt Sahin schwärmend. Mal sehen, wie weit wir heute kommen.

Ob da hinten Zypern zu sehen ist? Die Antwort bleibt im Dunkeln. Statt übers Meer zu schweifen, klebt der Blick an LKW-Rücklichtern, späht nach einer Lücke zum Überholen. In Aydincik ist Feierabend, findet sich eine Absteige, über die wir den Mantel des Schweigens breiten wollen.

Schon um sieben knallt die Sonne. Wie ein Kilic, ein türkisches Krummschwert, durchschneidet die Straße die Berghänge. Nahrungsaufnahme

bei Tekeli auf der Terrasse des Restaurants Erciyes: Kopfsuppe mit Backenfleisch, wahlweise auch andere Leckereien. Zum Sattfahren noch 100 Kilometer bis Gazipaşa. Ein paar schnuckelige Strände provozieren die Frage, ob sich Türkis eigentlich von Türkische Riviera ableitet, bevor in Alanya eine Menge Beton sprachlos macht.

Wo ist Yilmaz? Am besten fragt man die Polizei, denn dort arbeitet Mokkas Schwager. Vorm Balkon des Strohwitwers trocknen auf der Leine Uniformhemden, daran noch Blutspuren vom letzten Einsatz. Zählt Alanya normalerweise 100.000 Einwohner, so sind es im Sommer rund eine halbe Million. Die Touristen machen wenig Probleme — mit Ausnahme von alkoholisierten Russen, wie wir hören.

Spätvorstellung von „Einrad-Arif", prominentester Motorradstuntfahrer der Türkei. Mokka ist zusammen mit ihm vor Jahren mal bei Beschleunigungsrennen auf dem Drag Strip angetreten. Heute geht's eher um den rasanten Abbau von Speed. Vertrauensselig hockt sich mein Begleiter in vollem Touri-Ornat hinten aufs Sitzbrötchen von Arifs CBR. Eine Anlaufrunde um den Block, und dann: die Hintern zum Himmel beim gelungenen Stoppie.

Theo, ein Fußballkumpel von Mokka, macht Urlaub in Side. Wir treffen ihn zwischen Grand Prestige Hotel und den Resten eines alten römischen Theaters. Welcher Hintergrund fürs Erinnerungsfoto? „Die Ruinen — dann wirken wir jünger", löst Theos Frau Indre den gordischen Knoten. Wer sich wirklich für die Antike interessiert, findet in der Türkei mit Orten wie Troja, Ephesus und Pergamon einen archäologisch reichgedeckten Boden.

Auch wenn es der Hinterreifen des roten Streitrosses noch etwas gemacht hätte — die Pelle der R 1100 RS kommt jetzt runter. Wozu kennt man schließlich Ahmet, früher Schrauber bei Hamit in Mersin und jetzt Chef eines eigenen Motorradladens in Antalya? Er ist dort nicht unsere einzige Anlaufadresse. Mokkas Schwägerin Zeynep, die nach dem Jura-Studium ihr Fladenbrot als Gerichtsvollzieherin verdient, und Ehemann Hamit, als Polizist ebenfalls im Staatsdienst, sind für zwei Nächte unsere Gastgeber.

„Am Strand wirst du ja bekloppt", ächzt Mokka. Während Zeynep sich um den Haushalt kümmert, chauffiert uns Hamit durch Antalya. Heißer Tipp: Das Beyzade, ein Club, wo es sich prima chillen lässt, besonders mit dem Mundstück einer Wasserpfeife in der Hand. Für zehn Lira kann man etwa eine Stunde lang fruchtige, mehr oder weniger kunstvoll geformte Rauchwolken (don't bogart that shisha, my friend) zu den Sternen und den Positionslichtern der nimmermüden Ferienflieger schicken.

Montagmorgen. Zeynep und Hamit fahren ins Büro, wir in die Berge. Endlich wird's kühler, 24 Grad nur noch auf 1560 Metern. Die Straße rau, aber herzlich dazu einladend, die Gaszüge auf Spannung zu halten. In Yeşilova erwartet uns

Dorfplatz mit Moschee in Nacarli

Nachtfahrt nach Aydincik

Mittelmeerküste bei Gazipasa

Wheelie am Salda Gölü

v. l.

Mevlit. Er hat ein Häuschen am Ausflugssee Salda Gölü. Tagsüber wird im glasklaren Wasser geplantscht, in romantischer Nacht liebend gerne an verschwiegenen Uferplätzchen poussiert.

„Alles was verboten ist, reizt doch", erklärt Tamer das nicht unbedingt korankonforme Verhalten. Der 37-Jährige kennt sich aus. Geboren, wo die Mädchen noch wilder als die Kühe sind, also im Sauerland, und jetzt als IT-Spezialist zuhause in Nettetal, besucht er wie fast jedes Jahr die Heimatstadt seiner Eltern. Als ehemaliger Besitzer einer höllelauten TL 1000 R (die Suzi musste dem lieben Ehefrieden weichen) ist er sofort für eine Moppedrunde um den See zu begeistern. „Wenn das Sandboden wäre, könntest du da richtig ballern. Aber sowas hab' ich noch nie gesehen, ist ja wie Lava", kommt Ex-Motocrosser Mokka mit der GS frustriert von der leicht verpatzten Proberunde am Strand zurück. Tückisch saugend auch das seichte

Ufer, was schon einigen Badenden zur tödlichen Falle geworden ist.

Vom See zurück ans Meer. Im sanften Sinkflug durch die Berge, nicht unbedingt auf der letzten Rille, aber mit Muße für andere Eindrücke. Wonach duften die Bäume? Ach ja, das muss das Rasierwasser vom Barberbesuch in Yeşilova sein. Zieleinlauf in Bodrum, Nightlife-Mekka der südlichen Ägäis und mit seiner kubischen Architektur möglicherweise globusweit die größte Ansammlung von Zuckerwürfeln. „Die Luft ist wunderschön. Da merkt man richtig, wie Sauerstoff in die Lungen strömt", freut sich Mokka. Wir sitzen etwas außerhalb von Bodrum hoch über der Bucht von Karaincir auf der Dachterrasse von Ahmet und Tülin. Am Niederrhein sind die beiden Kioskbesitzer und Türkischlehrerin (und Patentante von Mokkas Sohn Can), hier Besitzer eines Ferienhäuschens

mit grandiosem Blick auf die griechische Insel Kós.

Welch feines Fleckchen Erde. Segelboote schieben sich in Slow Motion durchs Bild, Jetskis verpassen dem Meer ein paar weiße Striemen, und wer davon genug hat, springt einfach kopfüber in den Pool. Zurück zum Ernst des Lebens. „Am besten ginge es der Welt ohne Religion", macht Nebahat aus ihrem Herzen keine Mördergrube. Eine beeindruckende Frau, die mit ihrer mutigen Meinung immer wieder aneckt. Sie ist wie Tülin Lehrerin und macht ebenfalls Ferien in Karaincir.

72 Stunden später und 3400 Kilometer weiter hält vor der heimischen Garage im Ruhrpott gleich hinter mir die Polizei: „Wir haben einen Anruf bekommen, da sei ein Motorrad mit defektem Rücklicht unterwegs." Willkommen in Deutschland. ∎

INFOS

Reisedauer: 18 Tage
Streckenlänge: 10.000 Kilometer (inkl. An-/Abreise), davon 4700 Kilometer Türkei

Streckencharakter: Sehr abwechslungsreich, von vierspurigen Fernverbindungen über innerstädtisches Gewusel bis zu kurvenreichen Berg- und Küstenstraßen. Auf Offroad wurde aufgrund des engen Zeitplans und auch wegen Mokkas privater R 1100 RS weitestgehend verzichtet.

Besonderheiten: Dank der Begleitung eines türkischen Motorradfahrers „auf Heimaturlaub" haben sich viele Türen geöffnet, die sonst vielleicht geschlossen geblieben wären. Eine eindrucksvolle Erfahrung, die man viel zu selten macht und die allen zu empfehlen ist, die fremde Kulturen nur aus den Medien kennen, wenn überhaupt.

Übernachten: In den touristischen Zentren liegt das Angebot der Quartiere auf westlichem Niveau. Abseits davon können die Standards drastisch sinken.

Anreise: Der Landweg führt von München via Zagreb, Belgrad und Sofia auf mautpflichtigen Autobahnen bis nach Istanbul. Alternativ fahren Fähren von Italien (Venedig, Ancona, Bari, Brindisi) nach Griechenland (Patras, Igoumenitsa), von wo es wiederum per Fähre oder auch über Land weiter in die Türkei geht. Ob auch/wieder direkte Fährverbindungen von Italien (Venedig, Ancona, Brindisi) in die Türkei (Cesme) angeboten werden, darüber informiert aktuell das Netz.

Adressen: www.goturkey.com, www.reiseland-tuerkei-info.de

Mokkas Freunde und Verwandte – Gesichter eines Besuchsmarathons

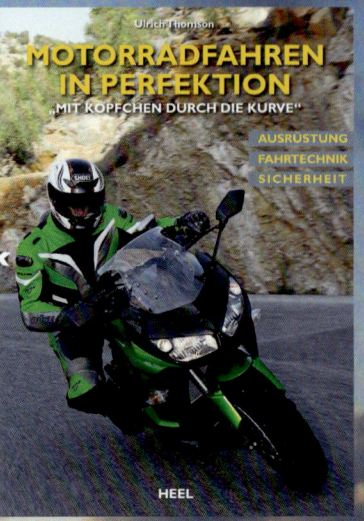
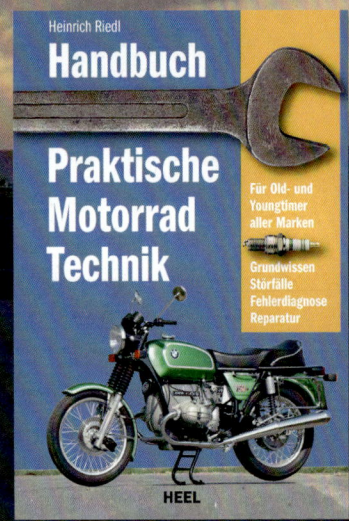
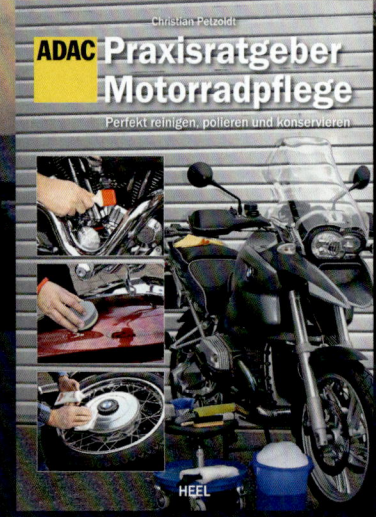